Les libertés de l'esprit

PRÉPARATION AU C.R.F.P.A.

Dominique Breillat
Doyen de la Faculté
de droit et des sciences sociales
de Poitiers

Les libertés de l'esprit

LIBERTÉS ET DROITS FONDAMENTAUX

Examen d'entrée au
C.R.F.P.A.

Montchrestien

DANS LA MÊME COLLECTION

BEIGNIER (B.), Le procès civil et les libertés, 1995.

COHEN-JONATHAN (G.), Le droit européen des libertés, 1996.

Collectif CRFPA, L'épreuve écrite juridique – Annales et galops d'essai 94-95.

DENQUIN (J.-M.), Les droits politiques, 1996.

GUINCHARD (S.), Comment devenir avocat ?, 2e éd., 1995.

HARICHAUX (M.), La protection des libertés et droits corporels, 1995.

HARICHAUX (M.) et WATINE-DROUIN (C.), La note de synthèse, 3e éd., 1995.

HEYMANN-DOAT (A.), Le régime juridique des droits et libertés, 1995.

14 rue Pierre et Marie Curie – 75005 Paris
ISBN : 2-7076-0728-2

PRÉSENTATION DE LA COLLECTION

La collection créée récemment avec l'aide des éditions Montchrestien répond à un besoin ancien, que la fusion des anciennes professions d'avocat et de conseil juridique n'a fait que renforcer. Si la réforme intervenue en décembre 1990 et novembre 1991 n'a pas fondamentalement bouleversé les conditions d'accès à la profession d'avocat, elle a néanmoins modifié l'économie de l'examen d'entrée à un centre régional de formation professionnelle d'avocats (CR-FPA), examen qui reste organisé par les Instituts d'études Judiciaires. Les modifications touchent au régime des dispenses (jamais totales mais plus ou moins partielles) à la nature des épreuves écrites (avec une épreuve juridique pratique qui se dédouble) et orales (avec un « grand oral » complètement renouvelé dans son esprit et son programme), sans parler de l'organisation administrative inutilement lourde et complexe (avec une navette par exemple entre les Universités et les Centres de formation pour apprécier les demandes de dispenses d'épreuves).

D'où l'idée de mettre à la disposition des étudiants souhaitant devenir avocat un ensemble d'informations pratiques, pédagogiques et scientifiques, leur permettant :

– de connaître les conditions d'accès à la profession d'avocat et notamment les modalités de l'examen d'entrée dans un Centre de formation professionnelle d'avocats, mais aussi celles de l'examen conduisant à la délivrance du Certificat d'Aptitude à la Profession d'Avocat (le C.A.P.A.) qui, après prestation de serment, leur donnera la qualité d'avocat-stagiaire. *C'est l'objet du premier volume de cette collection ;*

– de préparer les deux épreuves écrites, la note de synthèse et l'épreuve juridique pratique, à partir de conseils, d'une méthode et d'exercices corrigés, tirés des annales de l'I.E.J. Pierre Raynaud de l'Université Panthéon-Assas (Paris II). *Deux autres volumes sont consacrés à cette préparation ;*

– Enfin, d'aborder dans d'excellentes conditions *l'épreuve du grand oral,* dont le programme sur « la protection des libertés et droits fondamentaux » fera l'objet à lui seul d'une dizaine de volumes confiés à des spécialistes reconnus de la matière.

L'outil ainsi mis à la disposition des étudiants souhaitant devenir avocat s'élargit vers l'horizon des libertés fondamentales, symbole d'une profession qui reste, quoi qu'on en dise et malgré les critiques injustes dont elle est parfois l'objet, le rempart de nos libertés, la digue qu'il faut défendre contre les vents mauvais qui pourraient venir des trois pouvoirs et contre les marées populistes, si la vigilance des ordres ne s'exerçait pas.

Serge GUINCHARD

*Professeur à l'Université
Panthéon-Assas (Paris II)
Directeur de l'I.E.J.
Pierre Raynaud de Paris II
Ancien directeur du Centre
de formation professionnelle
d'avocats de Paris.*

Michèle HARICHAUX

*Maître de Conférences
à l'Université Panthéon-Assas (Paris II),
Directeur des études
à l'I.E.J., Pierre Raynaud de Paris II.*

SOMMAIRE

INTRODUCTION

Les droits et libertés sont, eux aussi, soumis à une certaine inflation. Ils apparaissent de plus en plus nombreux. Les textes se multiplient à cet effet et les organisations internationales, notamment, ne sont pas avares de création, même si l'exercice de l'affirmation de nouveaux droits n'est pas aisé. Les tentatives pour compléter la Déclaration des droits de l'Homme et du Citoyen, lors de son bicentenaire, l'ont montré. Il n'en reste pas moins qu'il existe en ce domaine des droits et libertés solides, indestructibles, même s'ils sont susceptibles d'évolution en fonction des changements techniques ou sociaux.

Ainsi se présentent assurément ce que nous appellerons les libertés de l'esprit, expression qui, certainement, pourra prêter le flanc à la critique, d'autres préférant utiliser les concepts de libertés de la pensée ou de libertés intellectuelles. Très récemment ce sont les libertés du corps et les libertés de l'âme que l'on a voulu différencier. Incontestablement, les libertés de l'esprit se rattachent à ces dernières. Cette discussion terminologique montre qu'il n'est pas facile de parvenir à une classification aisée des droits et libertés.

Les libertés de l'esprit, qui peuvent nous paraître comme devant s'imposer, ont eu beaucoup de mal à s'affirmer, si tant est qu'aujourd'hui elles soient toujours réellement présentes. Le poids des religions a été, à cet égard, un obstacle majeur. Dans la Grèce antique, la mort de Socrate est l'illustration de cette ignorance des libertés de l'esprit dans des cités qui se révèlent des sociétés totalitaires au véritable sens du terme. A Athènes, l'Aréopage fait brûler les œuvres de Protagoras car celui-ci émettait des doutes sur l'existence des dieux. Si le christianisme aurait pu être un facteur favorable à leur développement, il n'en sera plus de même lorsque l'Eglise sera dominante. Il sera difficile à celle-ci d'affirmer la liberté religieuse (cf. G. Apollis, L'Eglise et les Déclarations des droits de l'Homme de 1789 et de 1948, in *Droits de Dieu et droits de l'Homme*, Tequi, 1989). Ceux qui contesteront l'Eglise au nom d'une autre vision ne seront pas plus des partisans des libertés de l'esprit. La dictature de Calvin à Genève fera mourir Michel Servet. Et de son côté, mesure symbolique de la lutte contre les libertés de l'esprit, l'Eglise crée en 1571 l'Index librorum prohibitorum. Les révolutions du XVIIe siècle en Angleterre sont sans doute un terrain favorable au développement des libertés de l'esprit, mais c'est peut-être plus le droit à la sûreté qui est la préoccupation essentielle. C'est l'Habeas corpus qui symbolise avant tout la liberté au XVIIe siècle. En réalité, c'est le XVIIIe siècle qui semble être le siècle favorable. Les philosophes – ou tout au moins certains – s'en font les défenseurs : Montesquieu, avec des nuances ; Voltaire, sans nuances. L'essor de l'imprimerie, et quelques îlots de liberté pour certains, à Amsterdam ou à Genève, sont un stimulant pour le développement d'une pensée libre. La Révolution américaine, puis la Révolution française vont les proclamer, y compris sous la forme de la liberté de religion. Au XIXe siècle on fait des révolutions au nom des libertés de l'esprit. L'Eglise s'y opposera. Pie VI, en 1791, qualifie la liberté religieuse de « droit monstrueux ». L'Eglise, d'ailleurs, admettra plus rapidement les droits sociaux que les droits individuels. S'agissant de la liberté religieuse, il faudra attendre Jean XXIII et le Concile Vatican II pour qu'il y ait enfin reconnaissance. Mais un simple coup d'œil sur l'état des libertés dans le monde, tel que peuvent nous en fournir certaines organisations non gouvernementales, nous montre que ces libertés restent particulièrement malmenées.

Classification des libertés

La classification des libertés n'est pas toujours rigoureuse. Elle obéit à une certaine subjectivité. Sans doute y a-t-il des classifications habituelles. Il en est ainsi de la distinction entre les droits et libertés classiques et les droits économiques et sociaux. Cette approche différenciée se retrouve notamment dans le domaine international. Ainsi, sur le plan mondial, deux textes organisent la protection : le Pacte relatif aux droits civils et politiques, et le Pacte relatif aux droits économiques, sociaux et culturels conclus dans le cadre de l'ONU et adoptés par une résolution de l'Assemblée générale le 16 décembre 1966. De la même façon, le système mis en place dans le cadre du Conseil de l'Europe reprend, avec la Convention de sauvegarde des Droits de l'Homme et des Libertés fondamentales du 4 novembre 1950 et la Charte sociale européenne du

18 octobre 1961, une distinction semblable. Celle-ci conduit à une meilleure protection des premiers droits. Incontestablement les libertés de l'esprit appartiennent à la catégorie des droits et libertés classiques, c'est-à-dire, ceux que l'on désigne encore comme droits et libertés de la première génération. Les droits économiques et sociaux appartiennent à la deuxième génération et les libertés de l'esprit y apparaîtront d'une façon très particulière, sous la forme de droits-créances. Depuis quelques années, une troisième génération émerge avec des droits plus difficiles à déterminer comme le droit à la paix ou le droit à l'environnement dont la protection est beaucoup plus aléatoire. Les libertés de l'esprit, stricto sensu, y sont absentes.

Il n'est pas très aisé d'essayer de déterminer ce qu'il convient de mettre dans la catégorie des libertés de l'esprit. On y trouvera assurément la liberté pour l'individu d'avoir des convictions dans le domaine des idées, ce qui conduit bien souvent à opérer une distinction entre la liberté d'opinion et la liberté religieuse, l'ensemble pouvant être regroupé sous la notion de la liberté de conscience. Le besoin peut apparaître chez l'Homme de formuler, d'exprimer ses idées. Nous distinguerons différentes libertés relevant de cet ensemble et liées aux techniques utilisées. Ce sont sans doute celles qui ont connu les changements les plus notables ces dernières années en raison des évolutions technologiques, nécessitant une approche différente et conduisant en règle générale à une moins grande protection. Ainsi la liberté de la presse a pu, pendant longtemps, être une liberté essentielle. L'apparition de technologies nouvelles lui a donné une importance un peu moindre et l'intérêt s'est beaucoup plus porté sur la liberté de la communication audiovisuelle s'attachant essentiellement à la radiodiffusion et à la télévision mais développant de nouveaux médias. On n'aura garde d'oublier la liberté artistique insérant notamment les questions relatives au cinéma. Enfin, la liberté de l'enseignement peut être rattachée à cette notion et dans un pays comme la France, il s'agit d'une question dont l'importance est capitale en raison des débats qu'elle a pu susciter depuis plus de deux siècles. Ce sont ces libertés que nous retiendrons car il y a certainement un consensus pour les faire figurer parmi les libertés de l'esprit. D'autres auteurs seront tentés d'y faire figurer d'autres libertés non sans justification. C'est ainsi que l'on pourrait ajouter la liberté de réunion, la liberté d'association que Mme et M. Demichel et M. Piquemal considèrent comme les « libertés d'expression des masses ». Mais alors les libertés de l'esprit pourraient facilement recouvrir l'ensemble du champ des droits et libertés.

Derrière cette proposition on trouve une difficulté pour cerner les libertés de l'esprit. S'agit-il de libertés individuelles ou de libertés collectives ?

LIBERTÉS INDIVIDUELLES OU COLLECTIVES ?

Sans doute les libertés de l'esprit, comme relevant de la pensée de l'Homme, peuvent-elles apparaître comme des libertés individuelles. Mais il y a une certaine ambivalence à ce sujet. Les différentes libertés de l'esprit sont à la fois individuelles et collectives. La liberté de conscience peut sembler au départ comme étant une liberté individuelle. Le fait d'avoir telle ou telle opinion, d'avoir une certaine conviction sur le plan religieux présente un caractère individuel. C'est vrai dès lors que l'idée n'a pas d'expression particulière. Son expression peut certainement revêtir un caractère individuel, mais elle prend très rapidement un caractère double. La liberté religieuse peut être appréhendée comme liberté individuelle, mais sous la forme de la liberté du culte elle revêt un caractère collectif. On peut imaginer, ou plutôt, on pouvait imaginer il y a un siècle la liberté de la presse s'exprimant presque individuellement. Il n'en est rien aujourd'hui. La technique et l'économie en font immanquablement une liberté collective – quand ce n'est pas une liberté économique – et il en est ainsi de la quasi totalité des libertés d'expression. Distinguant la liberté individuelle et les libertés collectives, M. Morange regroupe dans cette dernière catégorie la liberté d'association, les rassemblements, les spectacles, (le one-man-show est rarement totalement individuel), la presse, les cultes, mais il intègre la liberté de conscience dans la liberté individuelle. Et bien évidemment c'est l'aspect libertés collectives qui inquiétera le plus l'État et conduira à des réglementations plus rigoureuses.

Egalement, ces libertés peuvent prendre la dimension de droits-créances, comme le droit à l'instruction, le droit à l'information, et se rattacher aux droits de la deuxième génération.

LIBERTÉS ESSENTIELLES OU LIBERTÉS SECONDES

Les libertés de l'esprit n'ont peut-être plus le même prestige que celui qu'elles ont pu avoir il y a un ou deux siècles. La raison tient peut-être à leur diversification. Dans la Déclaration des Droits de l'Homme et du Citoyen, deux droits ou libertés ont une qualification spécifique. Il s'agit du droit de propriété, « droit inviolable et sacré », et de la libre communication des pensées et des opinions considérée comme « un des droits les plus précieux de l'homme ». Cela révèle certainement les préoccupations ou les préjugés des rédacteurs.

La Constitution des États-Unis ne comporte aucune déclaration ou garantie des droits. Cependant, pour remédier à cette lacune, et pour obtenir la ratification des différents États, il avait été convenu que des amendements régleraient cette question. C'est ce qui fut fait avec les dix premiers amendements à la Constitution adoptés en 1791 et surnommés « Bill of Rights ». Il est important de constater que le premier de ces dix amendements a trait aux libertés de l'esprit : liberté religieuse, liberté de parole ou de presse, liberté de s'assembler et droit de pétition. Cette place réservée aux libertés de l'esprit est tout à fait révélatrice de son époque et elle est restée comme telle dans la conscience américaine. N'oublions pas que le déclenchement de la lutte pour l'indépendance américaine réside dans le Stamp Act imposant un droit de timbre sur les actes légaux, les annonces publicitaires et la presse. Déjà, à propos de la liberté de la presse, la Déclaration des droits de l'État de Virginie de juin 1776 affirmait qu'elle *« est un des plus forts boulevards de la liberté de l'État, et ne peut être restreinte que dans les gouvernements despotiques »* Dans le film *« les Hommes du Président »* consacré à l'affaire du Watergate, une scène montre le directeur du Washington Post, Ben Bradlee, s'exclamant : *« Cette affaire ne met en jeu que le premier amendement à la Constitution ! »*. Cette remarque a un sens très fort, scandaleux même, pour un américain, alors qu'il n'est pas certain que le spectateur français la comprenne dans son véritable sens. Cependant dans l'affaire des Pentagon Papers la Cour suprême a précisé que la portée du premier amendement était relative, ce qui ne l'a pas empêché de donner raison au New York Times (30 juin 1971 New York Times Co v. United States, 403 UD 713 (1971) ; RDP 1974.721, Chr. J. Beauté).

Un autre critère de hiérarchisation des droits et libertés en droit français est donné par la notion de voie de fait. On sait que celle-ci vient sanctionner les atteintes à une liberté fondamentale. Dès lors le fait que, dans certaines conditions, une atteinte à tel droit ou telle liberté puisse être considérée comme une voie de fait, permet de considérer ce droit ou cette liberté comme « fondamental ». L'état de la jurisprudence montre que les libertés de l'esprit ont pu ainsi être considérées comme fondamentales. La décision la plus connue en ce domaine, celle du Tribunal des Conflits du 8 avril 1935, Action française, (TC 8 avril 1935, « L'Action Française, GAJA n° 54 ; GD-JDA p. 217) vient sanctionner la saisie du quotidien monarchiste au lendemain des tragiques événements du 6 février 1934. Mais on sait que ce critère de la voie de fait n'est peut-être plus déterminant en raison du « déclin », souvent un peu vite affirmé, de cette notion. En outre seules des atteintes à certaines libertés de l'esprit seront susceptibles de constituer une voie de fait. Si tel est le cas pour la liberté de la presse, en revanche le brouillage d'une « radio libre » ne saurait être qualifié ainsi (TC 4 juillet 1991 Assoc. Maison des jeunes et de la Culture Boris Vian GP 1992 I 326 concl. Saint-Pulgent ; AJDA 1991.697 Chr. C. Maugüé et R. Schwartz).

Il est cependant heureux que le Conseil constitutionnel, dans son analyse des libertés ait considéré certaines comme fondamentales et que cette notion de liberté fondamentale soit apparue à propos d'une liberté de l'esprit : la liberté de la presse (CC 84.181 DC, 10-11 octobre 1984 Entreprises de presse GDCC n° 36). Le Conseil est ainsi amené à distinguer les libertés fondamentales et les autres. Pour les premières, la liberté est la règle, la restriction de police l'exception, selon la formule classique. Il ne peut y avoir d'autorisation préalable. La loi ne peut qu'étendre et non restreindre leur exercice sauf à se trouver confrontée à des principes ou objectifs à valeur constitutionnelle. Enfin elle doit être appliquée de façon uniforme sur tout le territoire de la République. Toutes les libertés de l'esprit pourront être considérées comme fondamentales à l'exception de la liberté de communication audiovisuelle, soumise au système de l'autorisation préalable.

Certains se fondent sur le régime juridique des libertés pour déterminer si elles sont fondamentales. Mais c'est prendre le problème à l'envers. Ne faut-il pas savoir, au départ, si tel ou tel droit est fondamental ce qui impliquera un régime juridique particulier.

Il est, aujourd'hui, préférable de se référer aux textes internationaux en raison de leur place dans la hiérarchie des normes. Ceux-ci, d'une certaine façon, établissent une hiérarchisation des droits et des libertés, en déterminant des droits auxquels il ne peut jamais, en quelque circonstance que ce soit, être porté atteinte. Mais une déception nous attend à propos des libertés de l'esprit.

L'article 15 de la Convention de sauvegarde des Droits de l'Homme et des Libertés fondamentales stipule que les droits et libertés protégés par la Convention peuvent subir des restrictions « en cas de guerre ou en cas d'autre danger public », exception faite du droit à la vie, de la torture ou des peines et traitements inhumains ou dégradants, de l'interdiction de l'esclavage ou de la servitude, de la légalité des délits et des peines et de la non rétroactivité de la loi pénale. On constatera que l'on ne trouve aucune des libertés de l'esprit. Celles-ci ne figurent pas dans ce que l'on pourrait considérer comme le « SMIC des droits de l'Homme ». La Convention interaméricaine des droits de l'Homme a une conception plus extensive de cette protection minimale puisqu'elle y ajoute d'autres droits parmi lesquels on trouve une des libertés de l'esprit : la liberté de conscience et de religion. Cette extension viendrait établir une hiérarchie à l'intérieur des libertés de l'esprit, mais elle s'explique ici facilement par le contexte culturel du continent. Cependant l'article 4 § 2 du Pacte sur les droits civils et politiques intègre également une liberté de l'esprit : la liberté de religion.

Il n'en reste pas moins que les libertés de l'esprit, dans nos sociétés occidentales, ne semblent plus revêtir la même importance, peut-être parce que leur caractère individuel a eu tendance à s'estomper et ceci, en raison des nouveaux défis auxquels doivent répondre les droits et les libertés et plus particulièrement les libertés de l'esprit.

LIBERTÉS DE L'ESPRIT ET DÉFIS DU XXe SIÈCLE

Défis techniques

Les progrès techniques ont contribué à développer les libertés de l'esprit. L'invention de l'imprimerie est certainement à cet égard, l'illustration majeure. Elle a, par exemple, favorisé le développement de la Réforme ainsi que l'expression des idées qui se sont concrétisées à la Révolution. Les techniques peuvent encore contribuer à favoriser les libertés. Les satellites mettent en échec les obstacles que les gouvernants pouvaient mettre en place aux frontières, et on constate d'ailleurs, l'inquiétude que provoque, dans certains pays, l'installation de paraboles permettant de recevoir des émissions de télévision de pays étrangers. Des législations, parfois vaines peuvent être élaborées. Mais également en France, certains se posent la question. Les réseaux informatisés facilitant aussi l'échange des idées et des institutions comme Internet n'ont certainement pas encore montré toutes leurs possibilités. Certains développements récents ont montré l'embarras des pouvoirs qu'il s'agisse d'un ouvrage sur la santé du Président Mitterrand, dont la saisie avait été autorisée (cf. TGI Paris, réf. 18 janvier 1996, Mme Mitterrand et autres c/Gubler et autres JCP 1996 II 22589, note E. Derieux ; E. Agostini, Le Grand secret, D. 1996 chr. 92) et diffusé sur ce « réseau des réseaux » ou du Congrès américain tentant de réprimer l'« indécence » sur Internet. Les antennes paraboliques contribuent à ce « village planétaire » évoqué par Marshall McLuhan et effraient aussi certains États.

Mais la technique contribue à relativiser les libertés de l'esprit. Elle peut les menacer de façon directe ou insidieuse. Comme le souligne le Doyen Madiot : « *La mondialisation des réseaux de communication à partir de groupes transnationaux puissants, outre le risque souvent évoqué d'une uniformisation de l'information, aboutit à développer celui d'une désinformation des populations* ». C'est sans doute leur usage individuel qui leur donnait leur prestige. L'irruption de la technique a modifié cette approche. Les vecteurs de l'utilisation des libertés de l'esprit étaient peu nombreux. Les innovations technologiques en ont permis la diversification, obligeant le juriste à apporter des solutions nouvelles et toujours à reprendre. A cet égard il est devenu difficile aux textes affirmant les différentes libertés de l'esprit de prendre en considération tous les moyens d'expression. Parmi ceux-ci, seule la presse conserve encore une place privilégiée.

Les constitutions apparues au lendemain de la seconde guerre mondiale se gardent bien de vouloir tenter une énumération. Le projet de constitution du 19 avril 1946 comportait une nouvelle Déclaration des droits. Il est intéressant de constater que la seule technique de diffusion des opinions nommément mentionnée était la presse. Pourtant, en 1946, on aurait pu imaginer qu'il soit fait mention de la radiodiffusion dont chacun sait le rôle dans le second conflit mondial, ou du cinéma. Le texte préfère utiliser la formule prudente « soit par la voie de la presse, soit de toute autre manière », ce qui sans doute permet d'appréhender les évolutions technologiques, mais conduit aussi à privilégier la presse.

Les constitutions plus récentes intègrent cependant certains moyens plus contemporains d'expression. Les constitutions portugaise de 1976 ou néerlandaise de 1983, se réfèrent à la radiodiffusion et à la télévision. La constitution espagnole de 1978 les appréhende de façon plus globale à travers les « moyens de communication sociale ». Cette constitution, également, évoque l'informatique, susceptible de porter atteinte à certaines libertés de l'esprit, notamment la liberté d'opinion. « Big Brother » est en effet susceptible de détruire de façon parfaite les libertés de l'esprit. Cela a conduit le législateur à réagir avec la loi Informatique et libertés et la création de la Commission Nationale de l'Informatique et des Libertés (CNIL).

Défis économiques

Les libertés de l'esprit sont aussi confrontées aux problèmes économiques. Cela ne vise sans doute pas a priori la liberté d'opinion, mais en revanche, c'est une évidence pour la liberté d'expression. Si, au XIXe siècle des signes de cette dimension pouvaient apparaître, c'est devenu un lieu commun que de l'évoquer au XXe siècle.

A l'époque révolutionnaire, il était relativement facile de créer son journal. Aujourd'hui, les impératifs économiques, conséquence souvent des évolutions technologiques rendent impossible la création d'un journal par une personne seule disposant de faibles moyens. A côté de cela s'ajoutent d'autres difficultés telles que la rareté des ondes hertziennes pour la radiotélévision. Le phénomène des « radios libres » a assez vite démontré la réalité de ces obstacles. La distinction entre libertés formelles et libertés réelles chère aux marxistes trouve certainement ici son illustration. La liberté d'expression se trouve de moins en moins au service de la diffusion d'une idée, mais beaucoup plus au service d'intérêts avec un simple objectif de rentabilité économique. Les groupes industriels détruisent, par les phénomènes de concentration, la liberté de la pensée. Les efforts au sein de l'Union européenne pour faire échapper certains vecteurs de l'expression de la pensée à la logique du libéralisme économique, montrent l'ampleur du défi. Dans les négociations commerciales, la volonté de faire échapper les produits de la liberté de l'esprit à la logique marchande est souvent mise en échec.

Défis culturels : problème de l'universalité

La mondialisation des phénomènes des droits de l'Homme contribue paradoxalement à mettre certains d'entre eux en péril. Les approches des libertés de l'esprit ne sont certainement pas les mêmes dans tous les systèmes sociaux lorsque l'on évoque l'ensemble des pays. La confrontation avec les pays d'Asie à l'occasion de négociations économiques met en évidence ces différences d'approche. Mais même entre États semblant avoir des conceptions plus proches, des divergences se font jour en raison souvent d'une culture ou d'une histoire différente. Les rapports entre l'État et les églises sont un exemple remarquable ; ils offrent toutes les variétés imaginables (ou presque) en Europe. La Cour européenne des droits de l'Homme se trouve confrontée à ces divergences. Ainsi à l'occasion de l'affaire Handyside, elle a pu affirmer qu'il n'y avait pas de standard en matière d'obscénité ou de moralité. S'agissant de la liberté de religion le blasphème est réprimé au Royaume-Uni, s'appliquant « uniquement à la chrétienté » alors qu'une telle situation privilégiée ne pourra être admise dans d'autres États européens. Cela montre bien qu'il n'y a pas d'universalisme accepté en matière de libertés de l'esprit.

L'attitude des autorités politiques à l'égard des libertés de l'esprit sera variable. Certains gouvernants agiront complètement contre les libertés de l'esprit. Ils s'inscriront dans une logique totalitaire, au sens propre, c'est-à-dire, souhaitant intervenir dans tous les aspects de la vie sociale sans aucune exception. Ils pourront aussi n'avoir qu'un comportement autoritaire, ne mettant à mal les libertés de l'esprit que si celles-ci risquent de porter atteinte au pouvoir politique. Mais d'autres États auront un comportement favorable aux libertés de l'esprit soit en y étant indifférent, adoptant une simple position de neutralité, soit en mettant tout en œuvre pour favoriser l'éclosion de ces libertés. C'est entre ces deux attitudes qu'oscille le régime des libertés de l'esprit en France.

Cette situation sera celle que nous trouverons lorsqu'il s'agira de reconnaître ces libertés (Première partie) mais aussi lorsqu'il s'agira d'établir le régime qui leur est applicable (Deuxième partie).

PREMIÈRE PARTIE

L'émergence des libertés de l'esprit

Afin d'avoir une réalité, les libertés de l'esprit doivent d'abord être reconnues, mais ensuite, elles doivent être garanties.

I LA RECONNAISSANCE

Pendant longtemps, cette reconnaissance a été uniquement nationale. Depuis la seconde guerre mondiale s'y est ajoutée une reconnaissance internationale, sans doute plus restreinte que les reconnaissances existant dans les démocraties occidentales, mais permettant pour certains pays d'aller plus loin. La Déclaration universelle des droits de l'Homme finit par être un texte de référence partout. L'Acte final de la conférence d'Helsinki a servi de support, de « levier », aux dissidents des pays de l'Europe centrale et orientale.

A - NATIONALE

La reconnaissance nationale se fait avant tout à travers la Constitution. Mais, également, la loi avec une autorité moindre, vient aussi apporter sa contribution. Cependant le développement de l'État de droit et l'extension des juridictions constitutionnelles, a donné à celles-ci, une place majeure aujourd'hui, qui peut parfois être excessive mais que l'on ne peut plus ignorer.

1. Constitution

a) Le principe

La reconnaissance des libertés de l'esprit se présentera de façon radicalement différente selon que l'on se situera dans une conception individualiste des droits et libertés qui est celle caractérisant les sociétés occidentales ou dans une conception communautaire. La conception individualiste conduira à une simple affirmation de la liberté. La conception communautaire conduira à une affirmation finalisée de la liberté. Sans doute celle-ci est-elle affirmée, mais lorsque cette liberté sera mise en œuvre, cela sera dans un certain but, dans l'intérêt avant tout de l'ensemble de la société. Dans les systèmes de type fasciste, il n'y a aucune liberté de l'esprit pour l'individu en tant que tel. Si la liberté existe c'est que c'est l'intérêt de l'État (Italie), du Volk (Allemagne). Les droits et les libertés ne sont pas pour l'individu lui-même, mais pour la société, la communauté, l'État.

Dans les systèmes marxistes, les libertés sont affirmées après les droits économiques et sociaux. La démarche pourrait rappeler celle du binôme Déclaration/constitution, la première affirmant, la seconde garantissant. Mais la comparaison trouve bien évidemment tout de suite sa limite. La constitution affirme et garantit, concrétise. Elle veut en faire des droits et libertés réels. Mais ces droits sont finalisés : *« Conformément aux intérêts des travailleurs et afin d'affermir le régime socialiste... »* (article 50 de la constitution soviétique de 1977) *« L'État développe les lettres et les arts, la presse, la radiodiffusion et la télévision, les éditions et les services de distribution... ainsi que d'autres œuvres culturelles au service du peuple et du socialisme.. »* (article 22 Constitution chinoise du 4 novembre 1982). La vision communautaire se retrouve sur d'autres continents, notamment en Afrique. La Charte africaine des droits de l'Homme et des peuples du 27 juin 1981 insiste sur les droits des peuples, même si les droits de l'individu sont évoqués tout d'abord.

La reconnaissance constitutionnelle est fondamentale. Elle est liée à la hiérarchie des normes et elle assure une force aux libertés qu'elle proclame. Sans doute celles-ci ne sont pas inexpugnables. Sauf à respecter les modalités de la révision constitutionnelle, il n'y a pas de limite au pouvoir constituant (CC 92-312 DC 2 septembre 1992, Maastricht II GDCC n° 45) qui peut très bien défaire ce qui a été fait, à la différence de ce que l'on peut constater en Allemagne ou en Italie. Mais la procédure est lourde, solennelle et l'idée d'une régression – si elle n'est pas impossible – est difficilement envisageable (voir cependant à propos du droit d'asile la révision du 25 novembre 1993). En outre la situation française est fort complexe. La reconnaissance constitutionnelle y est à la fois très faible et très vaste. Le texte constitutionnel, stricto sensu, c'est-à-dire envisagé à partir de l'article 1 est à peu près totalement muet sur les droits et libertés, et plus particulièrement sur les libertés de l'esprit. Cependant peut-on mentionner l'article 1 de la Constitution (article 2 avant la révision du 4 août 1995) qui dispose que la France *« assure l'égalité devant la loi de tous les citoyens sans distinction d'origine, de race ou de religion. Elle respecte toutes les croyances»*. Mais l'essentiel se trouve dans le préambule de la Constitution qui se réfère à la Déclaration des droits de l'Homme et du citoyen et au Préambule de la Constitution de 1946. Notre Préambule, très bref – 90 mots en deux paragraphes – n'aurait été que de très faible intérêt sans cette référence à deux textes majeurs, essentiels pour nos droits et libertés. La référence à la Déclaration des Droits de l'Homme et du Citoyen ainsi qu'au Préambule de 1946 présente un avantage incontestable. Ce sont des textes auxquels il est difficile de toucher et les libertés qui y sont affirmées pourront difficilement être supprimées. L'inconvénient est que celles qui ont été omises ne pourront plus y être intégrées. Il faudra alors les insérer dans les articles de la Constitution, à la faveur d'une révision constitutionnelle. En outre, nous avons vu, à propos du droit d'asile, comment une liberté proclamée dans le Préambule pouvait voir malgré tout, sa portée limitée.

b) La Déclaration de 1789

A cet égard, le texte le plus fondamental pour les libertés de l'esprit est celui de 1789. Deux articles essentiels y figurent. Il s'agit, tout d'abord, de l'article 10 qui a trait à la liberté de conscience. *« Nul ne doit être inquiété pour ses opinions, même religieuses, pourvu que leur manifestation ne trouble pas l'ordre public établi par la Loi »*. L'article 11 pose le principe de la liberté d'expression : *« La libre communication des pensées et des opinions est un des droits les plus précieux de l'homme : tout citoyen peut donc parler, écrire, imprimer librement, sauf à répondre de l'abus de cette liberté dans les cas déterminés par la Loi »*. Ces libertés sont avant tout envisagées dans une conception individualiste. Ce sont certainement deux articles majeurs, mais nous constaterons qu'ils ne recouvrent pas toutes les libertés de l'esprit, et notamment, la liberté de l'enseignement n'y figure pas. Il ne s'agit certainement pas d'un oubli, mais au contraire d'une volonté délibérée des constituants qui ne souhaitaient pas permettre à l'Eglise de conserver son emprise dans ce domaine. Cette liberté apparaîtra seulement dans l'article 300 de la Constitution de l'an III. La Constitution de 1791 qui dans sa « garantie des droits » concrétise la Déclaration de 1789 prévoit sans doute qu'il sera créé et organisé une Instruction publique. Elle évoque l'idée d'un droit à l'instruction qui n'a rien à voir avec la liberté de l'enseignement. En outre, la Déclaration des droits de l'Homme et du Citoyen n'était pas un texte définitif. L'Assemblée constituante avait envisagé, si nécessaire, *« d'ajouter après le travail de la Constitution les articles qu'elle croirait nécessaires pour compléter la Déclaration des droits».* Rien ne fut fait. Le souffle de 1789 était retombé.

La Déclaration de 1789 affirme avant tout des principes. Ce n'est pas son rôle de préciser. La Constitution, qui instaure une garantie des droits doit aller plus loin. Ainsi, en ce qui concerne la liberté de la presse dans le schéma Déclaration/Constitution, l'article 11 proclamait la liberté et le titre premier disposait que « la Constitution garantit... comme droits naturels et civils... la liberté à tout homme de parler, d'écrire, d'imprimer et publier ses pensées, sans que les écrits puissent être soumis à aucune censure ni inspection avant leur publication... » l'article 17 du chapitre V du titre III de la Constitution de 1791 développait : *« Nul homme ne peut être recherché ni poursuivi à raison des écrits qu'il. aura fait imprimer ou publier sur quelque matière que ce soit, si ce n'est qu'il ait provoqué à dessein la désobéissance à la loi, l'avilissement des pouvoirs constitués, la résistance à leurs actes, ou quelques-unes des actions déclarées crimes ou délits par la loi ».* Et cet article poursuivait en permettant la répression des « calomnies volontaires » contre les fonctionnaires ou des « calomnies et injures » contre les personnes privées.

Il faut aussi bien voir que pour les rédacteurs de la Déclaration, ces affirmations ne concernaient pas que la France. Pétris de droit naturel, ils considéraient que ce qui était proclamé valait pour tous les hommes, de tous les pays, de toutes les époques.

c) Le Préambule de 1946

Le Préambule de la Constitution de 1958 renvoie à un autre texte, à savoir, le Préambule de la Constitution de 1946. Celui-ci est beaucoup plus préoccupé par les droits économiques et sociaux et les libertés de l'esprit en sont à peu près totalement absentes sauf en ce qui concerne le droit d'asile *« Tout homme persécuté en raison de son action en faveur de la liberté a droit d'asile sur les territoires de la République ».* Il pourra bien sûr s'agir d'une action en faveur de l'une des libertés de l'esprit. Il vient compléter un siècle et demi après, la Déclaration de 1789. Cela était particulièrement nécessaire parce que la France est restée figée dans l'affirmation des droits et des libertés, et ce qui a pu être réalisé dans l'entre-deux-guerres dans d'autres pays européens ne l'a pas été en France.

Le Préambule de 1946 vient développer ce qu'il appelle les *« principes politique, économiques et sociaux particulièrement nécessaires à notre temps ».* Parmi ceux-ci, on trouve essentiellement des droits et libertés de la deuxième génération, même si certains d'entre eux se rattachent à notre préoccupation. Il en est ainsi lorsqu'il affirme que *« nul ne peut être lésé, dans son travail ou son emploi, en raison de ses origines, de ses opinions ou de ses croyances »*. Le Conseil constitutionnel y trouvera un fondement à l'affirmation de la liberté de conscience en 1977 (CC 77-87 DC 23 novembre 1977, Liberté d'enseignement et de conscience GDCC n° 25). Malgré cela, les droits et libertés classiques sont presque totalement absents du Préambule de 1946. Sans doute, l'essentiel avait été dit en 1789. Cependant la question de la liberté de l'enseignement avait été occultée. Le problème de l'enseignement est certes évoqué ; mais ce n'est certainement pas dans le sens de la liberté. *« La nation garantit l'égal accès de l'enfant et de l'adulte à l'instruction, à la formation professionnelle et à la culture. L'organisation de l'enseignement public gratuit et laïque à tous les degrés est un devoir de l'État »*. Il n'est pas question de la liberté de l'enseignement. Certains membres de l'Assemblée constituante avaient d'ailleurs tenté de l'inclure et elle réapparaîtra dans la jurisprudence du Conseil constitutionnel en 1977, trahissant très certainement la volonté des constituants de 1946, avec l'appui d'une autre disposition du Préambule : les principes fondamentaux reconnus par les lois de la République formule dont le Conseil constitutionnel fera un usage parfois audacieux.

2. Loi

Sans doute, à l'exception de la liberté de l'enseignement, les principales libertés de l'esprit pouvaient-elles trouver un support dans la Déclaration des Droits de l'Homme et du Citoyen. Mais ce support était des plus fragiles en raison de l'absence de valeur de droit positif de cette déclaration. Alors que tous les enfants des écoles de la IIIe République apprenaient par cœur la Déclaration de 1789, c'était un texte à la portée juridique nulle que l'on imprimait dans les cerveaux. Il en va d'ailleurs de même aujourd'hui où dans les écoles, la Déclaration de 1789 a laissé la place à la Déclaration Universelle des Droits de l'Homme de 1948 qui ne saurait être invoquée devant une quelconque juridiction française.

Il faudra attendre la IVe République pour que la Déclaration des droits de l'Homme et du Citoyen et le Préambule de la Constitution de 1946 aient une valeur de droit positif tant devant les juridictions judiciaires (Cas. Soc. 27 mai 1952 ; S, 1952 I 179), que devant les juridictions administratives (Le Conseil d'État se réfère au Préambule en 1950 dans l'arrêt Dehaene, (CE, Ass., 7 juillet 1950 Dehaene, GAJA n° 77 ; GDJDA p. 255) à propos du droit de grève, et en 1957 il se fonde sur les articles 8, 9, 10 (CE 7 juin 1957 Condamine, RDP 1958.98, note Waline). Auparavant, en réalité il réceptionnait le contenu de la Déclaration de 1789 à travers les principes généraux du droit. Mais ce n'est qu'en 1971 que la portée sera absolue, lorsque le Conseil constitutionnel l'intégrera dans le bloc de la constitutionnalité (CC 71-44 DC 16 juillet 1971 Liberté d'association, GDCC n° 19).

Est-ce à dire que, sous la IIIe République, aucune liberté n'était affirmée ? Certainement pas. Même si la IIIe République n'a pas toujours été « l'âge d'or des libertés » – elle ne l'a été que pendant une très brève période s'inscrivant dans la décennie 1880 – son histoire est jalonnée de grandes lois relatives aux libertés qui, avant de les organiser, viennent, en général, par un article liminaire, les affirmer. Cela concerne notamment les libertés de l'esprit. Ainsi, la magnifique loi du 29 juillet 1881 sur la presse débute-t-elle par un article 1 affirmant solennellement que *« l'imprimerie et la librairie sont libres »*. L'article 1 de la loi du 9 décembre 1905 concernant la séparation des Eglises et de l'État proclame que *« la République assure la liberté de conscience. Elle garantit le libre exercice des cultes sous les seules restrictions édictées dans l'intérêt de l'ordre public »*. Mais la consécration de ces grandes lois va intervenir par le biais du juge constitutionnel lorsque celui-ci élèvera ces affirmations au rang de *« principes fondamentaux reconnus par les lois de la République »*.

La reconnaissance par la loi n'a pas cessé. Ainsi en est-il du droit à la vie privée par la loi du 17 juillet 1970 qui a créé un nouvel article 9 du Code civil. Cette avancée législative venait donner une base plus incontestable à une reconnaissance qui, jusqu'alors, résultait de l'œuvre du juge. De même, la liberté de la communication audiovisuelle est affirmée par la loi du 29 juillet 1982, cent un ans exactement après la loi sur la presse, dans des termes des grandes lois de la IIIe République : *« La communication audiovisuelle est libre »*.

3. Juge constitutionnel

a) La portée du Préambule

Le rôle du juge constitutionnel va être décisif à cet égard. Pendant longtemps, on s'est interrogé sur la portée du Préambule de la Constitution. Faisait-il partie ou non du bloc de la constitutionnalité ? Faisait-il partie après 1958 des normes de référence pour le juge constitutionnel lorsque celui-ci exerçait le contrôle de la constitutionnalité des lois ? La réponse semblait négative.

Déjà, la IVe République avait instauré un pseudo-contrôle de la constitutionnalité des lois qui était d'ailleurs beaucoup plus un contrôle de la légalité de la constitution. Or, la constitution de 1946 avait formellement exclu des normes de référence le Préambule ainsi que les deux derniers titres de la Constitution. Lorsqu'en 1958 fut rédigé le nouveau texte constitutionnel, il était évident pour les rédacteurs que le Préambule ne saurait être une partie du bloc de la constitutionnalité. A la question qui lui était posée à ce sujet par un membre du Comité consultatif constitutionnel, le Commissaire du Gouvernement, Raymond Janot répondit sans ambiguïté : *« Non, certainement »*. La réponse était tellement évidente que lorsque les dispositions sur le contrôle de la constitutionnalité des lois – et cette fois-ci, il s'agissait d'un véritable contrôle – furent rédigées, on ne mentionna pas cette exclusion tellement cela semblait évident. Le Conseil va pourtant se référer au Préambule de 1946 dans la décision du 16 juillet 1971 (CC 16 juillet 1971 précitée) et à la Déclaration de 1789 dans la décision du 27 décembre 1973 (CC 73-51 DC 27 décembre 1973, Taxation d'office, GDCC n° 21).

b) L'extension du bloc de la constitutionnalité

Lors de l'examen de la loi sur les associations en 1971, le Conseil constitutionnel va utiliser cet oubli du rédacteur de la Constitution.

Afin d'annuler la disposition litigieuse, il va s'appuyer sur le Préambule de la Constitution et plus particulièrement le Préambule de 1946 auquel il renvoie, et à l'intérieur de celui-ci sur le concept particulièrement discutable que sont les *« principes fondamentaux reconnus par les lois de la République »*. On sait que cette mention avait été apportée pour rendre hommage à l'œuvre de la IIIe République, mais surtout, elle était une façon pour le MRP à l'origine de cet amendement adopté à deux voix près d'intégrer la liberté de l'enseignement pourtant expressément exclue par la deuxième assemblée nationale constituante. Mais il y avait là, pour le Conseil un terrain particulièrement vaste pour étendre, à son gré, sa conception en matière de droits et libertés. Sans doute, lorsqu'il en fait une première utilisation, le Conseil constitutionnel invoque-t-il une loi – presque – incontestable pour figurer dans cette rubrique. Il se réfère à la loi du 1er juillet 1901 relative au contrat d'association. Certes cette loi peut apparaître comme favorable à une liberté que la Révolution n'avait pas voulu reconnaître. Mais elle n'était qu'à demi-émancipatrice car si elle permettait le développement de la liberté d'association c'était pour mieux limiter un des aspects de la liberté religieuse, la liberté des congrégations religieuses... Il n'empêche que dans sa décision du 16 juillet 1971, le Conseil constitutionnel va se fonder sur elle, et pour la première fois, se référer aux principes fondamentaux reconnus par les lois de la République. La référence à la loi de 1901 n'est pas en soi novatrice, car lorsque le Conseil d'État avait donné de son côté valeur de droit positif à ce concept, il l'avait fait en se fondant sur la même loi (CE Ass. 11 juillet 1956 Amicale des Annamites de Paris ; AJDA 1956 II 400 Chr. M. Fournier et G. Braibant).

Pendant quelques années, le Conseil constitutionnel va préciser le contenu de ces principes à propos desquels chacun a pu s'interroger comme le faisait le Professeur Rivero : *« Quelles lois, quels principes, quelle république ? »*. Cela permettra au Conseil constitutionnel d'élever au rang de libertés reconnues constitutionnellement un certain nombre de libertés de l'esprit et parmi lesquelles, certaines très contestées. Ainsi, va-t-il, avec quelque audace, tirer la liberté de l'enseignement de ces principes (CC 77-87 DC 23 novembre 1977 Liberté d'enseignement et de conscience, GDCC n° 25) en s'appuyant sur l'article 91 de la loi de finances du 31 mars 1931. On aurait pensé que ces principes se situaient plus dans des lois solennelles que dans des textes qui feraient sans doute figure aujourd'hui de cavalier budgétaire. Il n'en reste pas moins que l'article 91 de cette loi avait eu recours à une affirmation de principe permettant de justifier la décision du Conseil constitutionnel.

Dans la même décision du 23 novembre 1977, il va également affirmer la liberté de conscience en se fondant là encore sur les principes fondamentaux reconnus par les lois de la République, démarche un peu curieuse, tant il est vrai qu'il était facile de se fonder sur la Déclaration de 1789, fondement beaucoup plus solide. On notera d'ailleurs qu'il ne cite aucune loi de laquelle il tire ce principe. Sans doute pourrait-on y mettre à coup sûr la loi du 9 décembre 1905.

En 1984 (CC 83-165 DC 20 janvier 1984 Libertés universitaires GDCC n° 35) le Conseil affirmera le principe de l'indépendance des professeurs d'universités en se fondant sur les *« dispositions relatives à la réglementation, des incompatibilités entre mandat parlementaire et les fonctions publiques »*. Est-ce bien un principe fondamental reconnu par les lois de la République, ce qu'a dit le Conseil d'État (CE 5 avril 1974, Leroy, Rec. 214) ou bien un principe de valeur constitutionnelle ? Il est de fait que depuis la IIe République cette réglementation a toujours permis le cumul entre mandat parlementaire et fonction publique pour les professeurs de l'enseignement supérieur, le statut de ces derniers devant les mettre à l'abri de toute pression d'un pouvoir hiérarchique.

Cette source des principes fondamentaux reconnus par les lois de la République semble aujourd'hui s'être tarie. Certaines lois qui immanquablement devraient figurer dans cette catégorie, n'ont pas été utilisées. Il en est ainsi de la loi du 29 juillet 1881 sur la liberté de la presse et on peut s'étonner que le Conseil ne s'y soit pas référé. Ainsi s'en abstient-il dans sa décision des 10-11 octobre 1984 sur les entreprises de presse. Mais il faut bien voir qu'ici il ne s'agit pas tant de protéger l'éditeur que le lecteur ce qui n'était pas l'objet de la loi de 1881. Il s'agissait en 1881 beaucoup plus de la liberté d'informer que de la liberté d'être informé. Mais surtout on voit assez bien quels sont les limites ou les risques des principes fondamentaux reconnus par les lois de la République. La liste n'en figure nulle part. En outre, il n'est pas certain que leur nombre soit si important car il suffit d'une seule exception dans notre histoire législative pour que le principe ne puisse exister (CC 88.244 DC 20 juillet 1988, Loi d'amnistie, RDP 1989.399 Chr. L. Favoreu ; D. 1989.269 note F. Luchaire). C'est au Conseil de les dégager cas par cas, et on devine très bien la critique qui pourra lui être faite, à savoir de faire preuve de subjectivité dans leur détermination. Cependant certains estiment que l'on pourrait tirer certains principes de lois postérieures à la constitution de 1946. C'est ce que pense Henry Roussillon qui estime que c'est le cas avec la décision du 20 janvier 1984 (Libertés universitaires). Mais alors, ce serait une façon de s'abstraire des dispositions contraignantes de l'article 89 relatif à la révision constitutionnelle, ce qui est inimaginable.

C'est pourquoi le Conseil préférera, lorsqu'il ne peut affirmer expressément à partir d'une disposition de la Déclaration ou de la Constitution, le faire par ricochet. Ainsi pour affirmer la liberté de communication audiovisuelle, il s'appuiera en 1982 sur l'article 4 de la Déclaration de 1789 (CC 82.141 DC 27 juillet 1982 Communication audio-visuelle, RDP 1983.333 Chr. L. Favoreu ; R. Adm. 1983.36 note R. Etien) avant de se référer à l'article 11 en 1989 (CC 88.248 DC, C.S.A. 17 janvier 1989 GDCC n° 42).

Le Conseil constitutionnel a aussi dégagé des principes de valeur constitutionnelle, comme la continuité des services publics. Leur réalité est cependant niée par des analystes avertis.

B – INTERNATIONALE

L'affirmation des droits et libertés, et plus particulièrement des libertés de l'esprit a pris un caractère nouveau avec le développement du droit international des droits de l'Homme. Celui-ci s'est effectué sur le plan mondial, mais aussi régional en ayant recours aux techniques du droit international classique. Mais la dimension des droits de l'Homme, même si tel n'était pas son objectif premier, n'a pas été oubliée par le droit communautaire.

1. Les instruments mondiaux

La Charte de l'ONU a intégré la dimension des droits de l'Homme. L'article 1 § 3 fixe parmi les buts de l'organisation mondiale le développement et l'encouragement du *« respect des droits de l'homme et des libertés fondamentales pour tous, sans distinction de race, de sexe, de langue ou de religion »* (cf. aussi art. 13 § 1 (b), art. 55 al. c, art. 62 § 2). Cela s'est concrétisé par l'adoption le 10 décembre 1948 de la Déclaration universelle des droits de l'Homme complétée en 1966 par deux Pactes. On retrouve ici la même dualité que celle qui était prévue en 1789 : Déclaration des Droits/Garantie des Droits. La Déclaration avait une portée programmatoire mais ces droits et libertés ne pouvaient être concrétisés que dans une garantie des droits qu'assurait la Constitution. Il en est de même avec le système des Nations Unies. La Déclaration universelle n'a aucune valeur de droit positif. En revanche, les Pactes ont une portée contraignante pour les États qui y sont partie. Il va de soi que ces textes sont marqués du sceau du compromis et de ce fait nous ne trouverons certainement pas reconnues toutes les libertés de l'esprit, dans leur plénitude.

a) Déclaration universelle des droits de l'Homme

La Déclaration universelle des droits de l'Homme a été adoptée par l'Assemblée générale des Nations Unies le 10 décembre 1948 à l'unanimité, mais il y a eu un certain nombre d'abstentions, et chacun sait que, dans les organisations internationales, les abstentions signifient souvent une opposition qui n'ose pas s'exprimer ouvertement. Parmi ces abstentions six émanaient des États d'Europe centrale et orientale, une de l'Afrique du Sud et enfin une de l'Arabie Saoudite. Nous soulignerons cette dernière car elle concernait une des libertés de l'esprit, à savoir la liberté de religion, et plus particulièrement la liberté de changer de religion.

Les libertés de l'esprit sont assez peu développées dans la Déclaration. Il est vrai qu'il fallait concilier notamment les visions occidentales et celles des États socialistes. Deux articles seulement leur sont consacrées. L'article 18 vise la liberté de pensée, de conscience et de religion. L'article 19 pose la liberté d'opinion et d'expression. La liberté de l'enseignement est exclue et si l'enseignement est évoqué dans l'article 26, c'est en tant que droit-créance.

La Déclaration universelle des droits de l'Homme a surtout une portée politique. Mais, résolution de l'Assemblée générale des Nations Unies, elle n'a pas de valeur obligatoire pour les États. Telle est la situation en France où il n'est pas possible de l'invoquer devant une juridiction (CE 18 avril 1951 El. de Nolay, Rec. 3319 ; CE 11 mai 1960 Car, Rec. 319 ; JDI 1961.404, note R. Pinto ; AJDA 1960.353 ; CE, Ass. 23 novembre 1984, Roujansky et autres ; AJDA 1985.216 Concl. D. Labetoulle ; CE, Ass., 21 décembre 1990, Confédération nationale des associations familiales catholiques, GDJDA p. 51). Pourtant notre pays n'a pas hésité à manifester une certaine hypocrisie en publiant ce texte au Journal Officiel. Cependant, certains États intègrent la Déclaration dans leur droit interne par une référence à la Déclaration Universelle dans leurs constitutions. Cela pourrait être envisagé si, dans son Préambule, notre constitution se référait à ce texte comme elle le fait pour la Déclaration de 1789 et le Préambule de 1946.

D'autres déclarations adoptées par les organisations internationale mais de portée plus faible comme la déclaration sur l'élimination de toutes les formes d'intolérance et de discrimination fondées sur la religion ou la conviction du 25 novembre 1981 intéressent notre sujet. L'intérêt de ce texte est de développer le concept de liberté de pensée, de conscience, de religion ou de conviction. Son article 6 énumère de façon minutieuse son contenu (cf. Duffar, La liberté religieuse dans les textes internationaux ; RDP 1994.939). Mais là encore, il ne s'agit que d'une déclaration.

b) Pactes de 1966

Moins connus, mais beaucoup plus intéressants sur le plan juridique, les Pactes de 1966 ont une valeur contraignante pour les États. La France les a ratifiés le 29 janvier 1981 (loi du 25 juin 1980). Le Pacte sur les droits économiques, sociaux et culturels, ne vise pas les libertés de l'esprit au sens traditionnel. Il s'intéresse dans son article 13 à l'enseignement et à l'éducation, mais là encore, en tant que droit-créance. En revanche, le texte le plus utile est le Pacte relatif aux droits civils et politiques qui évoque les libertés de l'esprit dans trois articles. L'article 18 est l'écho de l'article 18 de la Déclaration universelle traitant de la liberté de pensée, de conscience et de religion. L'article 19 pose à son tour la liberté d'opinion. Enfin l'article 20 vient apporter des limites à la liberté d'expression.

c) Autres textes de l'ONU

Les droits et libertés affirmés dans ces deux textes majeurs se retrouvent dans d'autres conventions internationales adoptées dans le cadre de l'ONU. Il en est ainsi de la convention, internationale sur l'élimination de toutes les formes de discrimination raciale de 1965, de la Convention sur les droits de l'enfant (articles 12, 13, 14, 17, 30) Cette dernière présente cependant l'inconvénient de ne pas avoir de caractère self-executing, c'est-à-dire de ne pouvoir être immédiatement exécutoire.

Mais les affirmations contenues dans les déclarations régionales présentent un intérêt beaucoup plus grand car dans certaines régions, notamment en Europe et sur le continent américain, la reconnaissance est à la fois plus vaste et plus précise.

2. Les instruments régionaux

a) La Convention européenne des droits de l'Homme

La Convention de sauvegarde des droits de l'Homme et des Libertés fondamentales ou Convention européenne des Droits de l'Homme (CEDH) a été la première convention générale en matière de droits de l'homme et elle reste certainement encore le modèle en ce domaine. Les libertés de l'esprit n'y sont pas oubliées. Sans doute grâce aux différents protocoles, la Convention a pu être complétée, mais seul le premier des onze protocoles additionnels intéresse les libertés de l'esprit. La Convention signée le 4 novembre 1950 et entrée en vigueur le 3 septembre 1953 (elle est devenue effective le 5 juillet 1955 car à cette date la Commission est devenue compétente pour examiner les requêtes individuelles) affirme les libertés de l'esprit dans les articles 9, 10, 14. On remarquera que la question de l'objection de conscience n'y figure pas, mais qu'en revanche ce problème a fait l'objet d'une Recommandation n° R(87)8 du Comité des Ministres aux États membres. Complétée par onze protocoles additionnels, ceux-ci n'ont pas étendu les libertés de l'esprit sauf en ce qui concerne le Premier Protocole qui, dans son article 2 affirme le droit des parents d'assurer l'éducation et l'enseignement conformément à leurs convictions religieuses et philosophiques.

La France l'a ratifiée le 3 mai 1974 avec des réserves (Voir le texte des réserves de la France in L.E. Pettiti, E. Decaux et P.H. Imbert, la Convention européenne des droits de l'Homme, commentaire article par article, Economica 1995, pp. 1176-1184) Les conventions (article 55 de la Constitution) ont une valeur supérieure aux lois, c'est dire leur importance. Mais, il importe de savoir très exactement dans quelles conditions la France est engagée et notamment quelles réserves ont été formulées.

En 1974, la France a écarté l'article 25 (Droit de recours individuel) et le 2e Protocole (avis consultatifs de la Cour). Il ne s'agit pas à proprement parler de réserves. Elle a fait une déclaration interprétative sur l'article 10 afin de permettre le monopole de l'ORTF, déclaration qu'elle a retirée en 1988. Elle a formulé des réserves à propos des articles 5 et 6 en raison du statut des militaires et du régime disciplinaire refusant ainsi de voir notamment contrôlées les restrictions aux libertés de l'esprit à l'égard de ces personnes et de l'article 15 à cause de l'article 16 de la Constitution, de l'état de siège et de l'état d'urgence. Il faut constater que les réserves relatives à la liberté de l'esprit ne sont pas très fréquentes. Elles sont cependant possibles. Ainsi, la Norvège avait formulé une réserve à propos de l'article 9 en raison de l'interdiction constitutionnelle des Jésuites. Cette réserve a été révoquée en 1956 à la suite d'une révision constitutionnelle. Les réserves ou déclarations formulées à propos de l'article 10 ont surtout concerné le régime de la radiotélévision. Il faut aussi souligner que les instances de la Convention européenne des droits de l'Homme exercent un contrôle sur la validité des réserves ou des déclarations interprétatives (cf. CEDH 29 avril 1988 Belilos c/ Suisse, B n° 41 ; 22 mai 1990 Weber c/ Suisse, série A n° 177). La réserve formulée par la France à l'égard de l'article 16 ne peut mettre en cause la possibilité d'un contrôle de la Cour sur la validité de cette réserve.

b) Autres conventions régionales

Les autres conventions conclues dans d'autres organisations régionales intègrent aussi les libertés de l'esprit. C'est le cas avec la convention interaméricaine des droits de l'Homme. Celle-ci, qui s'inspire beaucoup de la convention européenne des droits de l'Homme quant aux mécanismes de garantie, avait été précédée d'une Déclaration américaine des droits de l'Homme en date du 2 mai 1948, c'est-à-dire antérieure à la Déclaration onusienne. Elle ne concerne pas directement la France et, notamment, ne trouve pas application dans les départements d'outre-mer ou collectivité territoriale d'Amérique. Cependant la communauté de culture entre la France et les États américains permet quelque éclairage à travers cette convention. Cette déclaration posait le droit à la liberté de religion, et de culture, le droit à la liberté d'investigation, d'opinion, d'expression et de diffusion et enfin le droit de pétition. La Convention de 1969 affirme la liberté de conscience et de religion, la liberté de pensée et d'expression et le droit de rectification et de réponse.

L'affirmation est beaucoup plus limitée dans la Charte africaine des droits de l'Homme et des peuples dans le cadre de l'Organisation de l'Unité africaine. Elle ne s'intéresse qu'à la liberté de conscience et de religion, au droit à l'information et au droit d'exprimer et diffuser des opinions. Là encore ce texte ne reçoit pas application à la Réunion ou à Mayotte.

D'autres conventions régionales peuvent intéresser les libertés de l'esprit et trouver application en France. Tel est le cas de la convention du 28 janvier 1981 du Conseil de l'Europe pour la protection des personnes à l'égard du traitement automatisé des données, et qui interdit les données à caractère racial, politique et religieux (article 6).

On pourra évoquer enfin la Conférence sur la Sécurité et la coopération en Europe, dite Conférence d'Helsinki. L'acte final du 1er août 1975 pose en dix points les principes relatifs aux relations entre les États. Le Point VII de ce décalogue insiste sur les libertés de l'esprit. Mais on sait que l'Acte final n'a pas de valeur contraignante pour les États. Cependant il consacre la conception libérale des droits de l'homme. Il a constitué un « espoir » pour les dissidents, aidant à la disparition du Goulag.

3. Droit communautaire

Les droits de l'Homme ne figuraient pas dans les objectifs des traités communautaires, et si certaines droits pouvaient être visés par ceux-ci, il s'agissait des droits économiques et sociaux. Bien plus, les libertés de l'esprit étaient susceptibles d'être menacées dans la mesure où la logique de la libre circulation des marchandises pouvait conduire à n'admettre aucune exception permettant de favoriser les œuvres intellectuelles si cela s'opposait aux principes communautaires. Cependant l'évolution de la Communauté européenne, et notamment l'institution d'une Union européenne à la faveur du traité de Maastricht ont développé cette dimension des droits de l'Homme. Les préoccupations en la matière sont apparues à travers la jurisprudence de la Cour de Justice des Communautés européennes. Sans doute, des obstacles se sont-ils dressés entre l'ordre juridique communautaire et l'ordre juridique interne en raison de l'attitude des juridictions constitutionnelles (essentiellement italienne et allemande) empêchant de donner un plein effet à la primauté du droit communautaire. Cependant, après avoir affirmé que « le respect des droits fondamentaux fait partie intégrante des principes généraux dont la Cour de justice assure le respect » (CJCE, 17 décembre 1970 Internationale Handelsgesellschaft, GACJCE n° 17), la Cour de Luxembourg se référait à la Convention européenne des droits de l'Homme. Elle le faisait le 14 mai 1974, c'est-à-dire quelques jours après que le dernier État – la France – ait ratifié la Convention (CJCE 14 mai 1974 Nold Rec. 491, concl. A. Trabucchi).

Le Parlement européen a essayé d'agir en ce domaine. C'est ainsi qu'a été adoptée le 12 avril 1989 une Déclaration (JOCE n° C 120, 12 mai 1989 p. 51 ; Ph. Ardant, Les textes sur les droits de l'Homme, PUF, Que sais-je ? 1990, p. 113). Déjà le 5 avril 1977, une déclaration commune du Parlement européen et du Conseil mettait l'accent sur la Convention européenne des droits de l'homme. L'Acte unique européen, également, dans son préambule évoque la Convention européenne des droits de l'Homme et la Charte sociale européenne.

Mais si l'action de la Cour était déjà un progrès en la matière, un pas plus décisif a été franchi par l'Union européenne à l'occasion du Traité de Maastricht qui a intégré plus précisément la Convention de 1950 à travers l'article F. Un pas supplémentaire pourrait être franchi par une adhésion de l'Union européenne à la Convention. Mais les difficultés sont grandes, les différents États membres de l'Union ayant adhéré dans des conditions différentes. En effet d'une part, certains États ont adhéré en formulant des réserves, d'autre part tous les États n'ont pas adhéré à l'ensemble des protocoles additionnels.

Mais il ne suffit pas d'affirmer les libertés de l'esprit, encore faut-il qu'elles puissent bénéficier d'une garantie effective.

II LA GARANTIE

Cette garantie, comme la reconnaissance, pourra se faire aussi bien au plan national qu'au plan international.

A - NATIONALE

Sur le plan étatique, la loi a pu apparaître comme la meilleure des protections. Tel était tout au moins le mythe forgé à l'époque révolutionnaire. Or le législateur a montré qu'il pouvait être liberticide et la confiance est sans doute aujourd'hui beaucoup plus forte dans le juge. Cependant, là encore, les limites se sont vite dessinées et c'est pourquoi de nouveaux protecteurs ont pu apparaître.

1. La loi

a) La foi dans la loi

Les rédacteurs de 1789 avaient une confiance quasi illimitée dans la loi. Elle ne pouvait être oppressive. Le mot le plus fréquemment utilisé dans la Déclaration est le mot « Loi ». Il y figure 10 fois. Son rôle (article 4 de la Déclaration) est de déterminer les bornes de la liberté. Et de fait, si l'exercice des libertés peut connaître certaines limites, celles-ci ne peuvent être fixées que par la Loi. Le rôle de la loi est précisé par l'article 5 : *« Tout ce qui n'est pas défendu par la Loi ne peut être empêché et nul ne peut être contraint à faire ce qu'elle n'ordonne pas »*. Il en va ainsi pour les libertés de l'esprit puisque, s'agissant des opinions, *« même religieuses »*, il ne faut pas que leur manifestation trouble *« l'ordre public établi par la Loi »* et s'agissant de la liberté d'expression, *« tout citoyen peut donc parler, écrire, imprimer librement, sauf à répondre de l'abus de cette liberté dans les cas déterminés par la Loi »*.

Ce rôle de la Loi a toujours par la suite été admis. On retrouve cette idée dans certaines conventions internationales. Ainsi, l'article 10 n'admet les limitations de la liberté d'expression que si elles sont prévues par la loi, celle-ci ne devant pas être envisagée exclusivement au sens formel.

Il n'appartient pas au pouvoir exécutif de fixer les limites de l'exercice d'une liberté. Sous la IVe République, le Conseil d'État, dans un avis du 6 février 1953 a pu estimer que les libertés publiques *« sont réservées à la loi... par la tradition républicaine »*. Cette question est devenue encore plus importante sous la Ve République avec la distinction très nette entre loi et règlement autonome opérée par les articles 34 et 37. Il appartient à la loi de fixer les règles concernant *« les droits civiques et les garanties fondamentales accordées aux citoyens pour l'exercice des libertés publiques »*. Indissociablement lié aux libertés publiques il faut ajouter dans le domaine de la loi ce qui touche au droit pénal *« détermination des crimes et délits ainsi que les peines qui leur sont applicables ; la procédure pénale »*. Enfin, pour les libertés de l'esprit, ajoutons la liberté de l'enseignement.

Il faut bien voir que dans la pratique, le législateur n'intervenait pas dans tous les domaines sous la IIIe ou IVe République. La distinction opérée sous la Ve République n'a pas été si fondamentale. Mais si les principes révolutionnaires subsistent à cet égard, l'illusion qui était la leur et qui a pu trouver une manifestation encore plus grande par exemple à l'époque de la Convention (art. 9 de la Constitution montagnarde du 24 juin 1793 : *« La loi doit protéger la liberté publique et individuelle contre l'oppression de ceux qui gouvernent »*) a sans doute disparu. La loi n'a certainement plus la même aura à l'égard des libertés publiques. En témoignent les changements incessants qui peuvent affecter certaines libertés comme la liberté de la communication audiovisuelle, objet de perpétuels remaniements depuis 1981 ou encore les contestations très vives qui peuvent entourer l'adoption de certaines lois comme celle touchant l'enseignement. En 1984 c'est plus d'un million de manifestants qui contestent la loi dite Savary. Dix ans plus tard, ce sont des centaines de milliers d'opposants qui montrent leur hostilité à une modification de la loi Falloux.

C'est que les modalités d'organisation de telle ou telle liberté peuvent être différentes. Elles peuvent connaître différents degrés utilisant des techniques plus ou moins émancipatrices.

b) Limitation du rôle de la loi

L'article 34, cependant, n'empêche pas le maintien de l'exercice d'un pouvoir de police générale qui permet de réglementer l'exercice des libertés. (Par exemple pour la liberté de l'affichage : CE 17 février 1978 Association dite Comité pour léguer l'esprit de la Résistance, Rec. 82 ; CE, S, 22 décembre 1978 Union des chambres syndicales d'affichage et de publicité extérieure, Rec. 530).

Tout d'abord, certaines dispositions générales peuvent affecter les libertés. C'est le cas avec les mesures de police administrative. Il s'agit du Premier Ministre pour tout le territoire, du Préfet pour tout ou partie du département, du maire pour la commune Cependant dans les communes de plus de 10 000 habitants il y a étatisation. Le préfet est compétent pour les atteintes à la tranquillité publique. En outre, il dispose d'un pouvoir de substitution en cas de carence de l'autorité municipale. Les autorités locales peuvent édicter des mesures plus rigoureuses que la réglementation nationale, même si celle-ci résulte de la loi, sous réserve que cela soit nécessaire compte tenu des circonstances locales. L'objet est l'ordre public. Cela peut aller jusqu'à une interdiction fondée sur la moralité (CE, S, 18 décembre 1959 Société Les Films Lutetia et Syndicat Français des producteurs et exportateurs de films, GAJA n° 96, GDJDA p. 204) Ce pouvoir comporte des limites, notamment lorsque les libertés de l'esprit sont en jeu : *« la liberté est la règle, la restriction de police l'exception »*. (Concl. Corneille sur CE 10 août 1917 Baldy). Les mesures doivent être nécessaires : on n'utilise pas un marteau-pilon pour écraser une mouche. Les mesures doivent être efficaces, mais il doit y avoir une conciliation entre l'ordre public et le respect des libertés. (CE, S, 23 novembre 1951, Société nouvelle d'imprimerie, RDP 1951.1098 concl. Letourneur, note M. Waline, à propos d'une interdiction de diffusion de publications cf. aussi CE, S, 4 mai 1984 Préfet de police c/ Guez, AJDA 1984.393. Concl. Dutheillet de Lamothe).

Certaines polices spéciales sont exercées par les ministres et peuvent intéresser les libertés de l'esprit comme la police des publications étrangères ou des publications pour la jeunesse.

c) Régime préventif/régime répressif

Quel régime retenir pour organiser les libertés ?

Il y a un premier choix qui peut être fait, à savoir celui du régime préventif ou du régime répressif. En dépit de la connotation trompeuse de sa dénomination, le régime répressif est le régime le plus libéral. Il n'empêche pas l'exercice de la liberté, sous réserve de répondre, devant les tribunaux, par la suite, des abus qui auront été commis. Bien évidemment, cela nécessite certaines conditions telles qu'une précision suffisamment grande des différentes incriminations, ou encore des sanctions qui ne soient pas disproportionnées et qui pourraient alors susciter une dissuasion très forte d'exercer la liberté.

Les infractions se sont multipliées dans certains domaines comme la presse. Malgré tout le principe est simple : le législateur trace le cadre des libertés ; le juge sanctionne, *a posteriori*, les atteintes éventuelles. Cela permet l'exercice immédiat de la liberté. En fait tout va dépendre de la précision des incriminations. Si l'infraction est définie de façon trop précise, il est facile de tourner la loi. Mai si la définition est trop vague, tout est possible pour la répression. Ainsi en était-il avec l'offense au chef de l'État fixée par l'article 26 de la loi de 1881 dont les Présidents de la République n'ont plus fait usage à partir de 1969. C'est tout le problème des incriminations laissant place à la subjectivité comme l'article 24 de la loi de 1881 qui punit *« tous cris et chants séditieux »*. De même, qu'entend-on exactement par propagande anarchiste ? On peut aussi évoquer l'outrage aux bonnes mœurs sanctionné jusqu'au nouveau Code pénal. La loi du 27 septembre 1946 permet de rendre possible la révision (loi Baudelaire) et montre bien la difficulté de la certitude quant au contenu de l'infraction. Le régime préventif, en ce qu'il peut constituer un empêchement à l'usage d'une liberté n'apparaîtra pas a priori comme libéral. Cependant, il peut constituer une certaine forme de garantie, en ce sens que la personne, ayant obtenu telle ou telle autorisation, sera assurée de pouvoir exercer réellement la liberté. En outre les garanties de procédure existent bien souvent.

Pourtant, le régime préventif n'empêche pas qu'il soit aussi accompagné d'un régime répressif. Il ne sera pas la garantie d'une impunité. Ainsi en matière d'affiches cinématographiques, où un contrôle administratif existe. Cela n'a pas empêché des condamnations, par la suite, pour affiches contraires à la décence, ce qui est logique en raison de l'autonomie du droit pénal.

d) Les degrés de la liberté

Lorsque l'autorité administrative sera amenée à intervenir, elle pourra moduler les degrés de liberté par des techniques différentes. La situation idéale sera celle de la liberté totale qui est en fait l'application exclusive du régime répressif. Les exemples ne sont pas si fréquents. On pourra mentionner la liberté du culte. Peu contraignant car n'empêchant pas l'exercice de la liberté, mais permettant de susciter ultérieurement des restrictions, apparaît le système de la déclaration préalable (cf. Ph. Ligneau, Le procédé de la déclaration préalable, RDP 1976.679). C'est d'ailleurs parce que le projet de loi modifiant la liberté d'association supprimait la déclaration préalable simple que le Conseil constitutionnel a censuré le texte examiné en 1971. Ce régime peut être adapté aux libertés de l'esprit même si la liberté totale est préférable. C'est par exemple le cas avec la publication d'un périodique : une déclaration est nécessaire. La déclaration conditionne l'exercice de la liberté. S'il n'y a pas de déclaration, il n'y a pas d'exercice possible de la liberté. Tout dépend en fait de la porté de la déclaration. Suffit-elle seule ? Faut-il attendre un récépissé ? Y a-t-il compétence liée pour délivrer ce récépissé ? (Ex : colportage professionnel). Franchissant un degré supplémentaire de restriction, l'autorisation préalable sera considérée comme beaucoup plus grave. Elle ne peut affecter les libertés fondamentales comme la liberté d'association ou, parmi les libertés d'expression, la liberté de la presse. En revanche, elle pourra concerner les libertés considérées comme non fondamentales. Ainsi, le visa de censure en matière cinématographique en est un exemple ancien. Un cas plus récent est fourni par la création de radios. C'est également la situation des publications pour la jeunesse. C'est aussi ce qu'a affirmé le Conseil constitutionnel en 1984 dans sa décisions relative aux entreprises de presse. Enfin l'étape ultime sera bien entendu l'interdiction, même s'il faut l'envisager sous l'angle de l'interdiction possible telle qu'elle peut exister dans le cadre des pouvoirs de police administrative générale, (Ex : interdiction de films par les maires) ou spéciale. (Publications étrangères. Publications pour la jeunesse). Tout dépendra du contrôle du juge.

2. Le juge

C'est peut-être plus dans le juge que l'on attendra une meilleure protection des citoyens dans l'exercice des libertés. Jusqu'en 1971, c'était essentiellement, si ce n'est exclusivement une protection du juge administratif ou du juge judiciaire. Les développements en Europe, et donc en France des juridictions constitutionnelles comme élément de l'État de droit ont donné une toute autre dimension à cette question.

a) Le juge constitutionnel

Jusque sous la Ve République, une protection par le juge constitutionnel était exclue car l'hostilité à un contrôle de la constitutionnalité des lois était profonde. Elle se fondait à la fois sur des raisons théoriques (principe de la séparation des pouvoirs affirmé solennellement dans la Déclaration des Droits de l'Homme et du Citoyen – article 17 – et par la loi des 16/24 août 1790), des raisons historiques (souvenir des Parlements de l'Ancien Régime) et des expériences pas toujours heureuses (Sénats impériaux, « gouvernement des juges » aux États-Unis). C'est la constitution de 1958 qui a renversé ce courant. Encore faut-il bien voir que l'objectif n'était pas tant de protéger le citoyen que le gouvernement face au Parlement. Nous avons vu comment le Conseil constitutionnel a pu en 1971 opérer cette sorte de « coup d'État » pour pouvoir prétendre à devenir le gardien des droits et libertés. Il s'en est d'ailleurs suivi une mutation sémantique. On ne parle plus de libertés publiques, notion typiquement française et qui paraissait de plus en plus inadéquate ou alors trop réductrice. On continue sans doute à parler de droits de l'Homme, mais on évoquera essentiellement dans ce contexte, les « droits fondamentaux ». Ce concept vient de l'Allemagne où la Loi fondamentale développe dans ses 19 premiers articles les Grundrechten. Cette expression a été reprise en 1983 dans la nouvelle Constitution néerlandaise qui n'a pas estimé indispensable une juridiction constitutionnelle, ce qui est peut-être la marque d'une extrême maturité de ce pays. Ce vocabulaire a contaminé notre juridiction constitutionnelle puisque celle-ci l'a utilisé pour la première fois dans sa décision du 22 janvier 1990 (CC 89.269 DC 22 janvier 1990, RFDA 1990.406 note B. Genevois ; RFDC 1990.330 Chr. L. Favoreu). Les droits fondamentaux ne sauraient recouvrir tous les droits et libertés. Ils n'intègrent que ceux protégés par le Conseil constitutionnel parce que figurant dans le bloc de la constitutionnalité que celui-ci a déterminé.

Mais pour que ce contrôle puisse être efficace encore faut-il que le citoyen puisse avoir accès à cette juridiction. Or en France, un nombre très limité de personnes peut saisir le Conseil constitutionnel. Quatre personnes seulement avaient cette compétence jusqu'en 1974. Depuis la révision constitutionnelle intervenue alors, ce sont les députés et les sénateurs qui peuvent agir, encore faut-il qu'ils le fassent collectivement. On peut regretter que le seuil ait été mis assez haut (60) empêchant notamment les petits groupes parlementaires d'intenter un recours. Sans doute, depuis vingt ans, il est très rare que des lois touchant à la liberté de l'esprit n'aient pas été soumises à l'examen du Haut conseil. Cependant, lorsqu'apparaît un consensus en la matière, l'hypothèse est tout à fait envisageable. C'est ce qui s'est produit avec la loi Gayssot. C'est pourquoi on pourrait imaginer qu'il puisse y avoir une saisine par les citoyens. C'est ce qu'avait envisagé selon un schéma assez complexe, le projet de révision de 1990. Celui-ci n'a pas abouti en raison de l'hostilité du Sénat. Repris dans le projet de révision déposé en 1993 sur le bureau du Sénat, il n'a pas été réexaminé par le Parlement. On pourrait enfin imaginer l'autosaisine du Conseil Constitutionnel. C'est ce qu'avait proposé M. Giscard d'Estaing dans le projet de révision examiné en 1974 pour *« les lois qui lui paraîtraient porter atteinte aux libertés publiques garanties par la Constitution »* et celles intéressant les libertés de l'esprit y auraient figuré à coup sûr.

Nous avons vu que le Conseil constitutionnel, à l'occasion du contrôle qu'il exerce a pu conduire à la reconnaissance de certains droits ou libertés. Mais également, il vient, à l'occasion de son contrôle, fixer les limites que peuvent rencontrer les libertés. Il le fait par le biais de différentes techniques qu'il a progressivement développées. Notamment, il a pu fixer ce qu'il appelle des objectifs de valeur constitutionnelle. Apparus précisément à propos d'une liberté de l'esprit, la liberté de communication audiovisuelle (CC 27 juillet 1982 précité), ces objectifs fixent les limites que peut trouver une liberté, celle-ci, dans son exercice, devant les respecter. C'est ainsi que la liberté de la communication audiovisuelle, ce que le Conseil constitutionnel a rappelé dans ses décisions du 18 septembre 1986 et du 17 janvier 1989, trouvera ses limites dans les objectifs à valeur constitutionnelle suivants : la sauvegarde de l'ordre public, le respect de la liberté d'autrui et la préservation du caractère pluraliste des courants d'expression socioculturels. A propos de la liberté de la presse, le Conseil dégagera dans sa décision des 10-11 octobre 1984 un autre objectif de valeur constitutionnelle : le pluralisme des quotidiens d'information politique et générale.

Le rôle du Conseil constitutionnel va encore plus loin en ce qu'il vient apporter des précisions quant à ce que doit être l'interprétation de la loi examinée. Il peut recourir à divers types d'interprétation : neutralisante, constructive, et directive (cf. CC 15 janvier 1992, CSA précité). Il va de ce fait réécrire la loi sans donner l'impression de la censurer. Il « confine aux arrêts de règlement des Parlements de l'Ancien Régime » (Avril et Gicquel, le Conseil constitutionnel, 2e éd., Montchrestien, p. 125). C'est notamment ce qu'il fait dans la décision des 10-11 octobre 1984 sur les entreprises de presse. Le parlement ne peut réglementer que pour rendre plus effective la liberté et il doit la concilier avec les autres règles ou principes de valeur constitutionnelle.

Dès lors le risque est grand que le Conseil ne se substitue au Parlement, ce qu'il nie lorsqu'il affirme que la Constitution ne lui confère pas « un pouvoir général d'appréciation et de décision identique à celui du Parlement, mais lui donne seulement compétence pour se prononcer sur la conformité à la Constitution des lois déférées à son examen » (CC 74-54 DC 15 janvier 1975 Interruption volontaire de grossesse, GDCC n° 23). D'autant que le Conseil constitutionnel, en matière de droits et libertés interdit toute marche arrière. C'est ce que l'on appelle « l'effet cliquet ». La loi nouvelle doit apporter des garanties au moins aussi fortes que la loi à laquelle elle se substitue (CC 20 janvier 1984 précité ; 84.181 DC 10-11 octobre 1984 Entreprises de presse, GDCC n° 36).

b) Le juge judiciaire

Tout au long du XIXe siècle, la véritable garantie, pour les libéraux, ne pouvait venir que du juge judiciaire. Ceci explique un certain nombre de constructions jurisprudentielles telles que la voie de fait ou l'emprise irrégulière, ou bien encore la survivance dans notre constitution de dispositions comme celles de l'article 66 évoquant « l'autorité judiciaire, gardienne de la liberté individuelle ». C'est que pendant longtemps, et encore en grande partie aujourd'hui, le juge judiciaire a été considéré comme le gardien traditionnel de la propriété privée et de la liberté individuelle. Cette protection est particulièrement importante car des restrictions sont possibles tant du fait des autorités disposant du pouvoir réglementaire que de celles ayant les pouvoirs de police administrative. L'appréciation des règlements administratifs par les tribunaux judiciaires lorsque les « règlements portent atteinte à l'inviolabilité du domicile, et par suite, à la liberté individuelle, ainsi qu'au respect dû au droit de propriété » en sont une illustration (TC 30 octobre 1947, Barinstein RDP 1948.86 note Waline). Il en est de même avec l'article 136 CPP qui interdit d'élever le conflit en cas de violation des mesures protectrices de la liberté individuelle et dans tous les cas d'atteinte à la liberté individuelle (TC 27 mars 1952 Dame de La Murette GAJA n° 83).

c) Le juge administratif

Si la défiance envers le juge administratif a été très forte au XIXe siècle en raison de son lien étroit avec le pouvoir exécutif, cette attitude a disparu aujourd'hui en raison de la jurisprudence très audacieuse du Conseil d'État et aussi de l'indépendance (reconnue part le Conseil constitutionnel CC 80.119 DC 22 juillet 1980, Validation d'actes administratifs, GDCC n° 29) dont ont su faire preuve ses membres établissant un puissant rempart en faveur des droits et libertés. Par un contrôle accru à l'égard des actes administratifs, à la faveur du recours pour excès de pouvoir, il a pu mieux protéger le citoyen face à une administration qui outrepassait ses prérogatives. C'est ainsi qu'en donnant une conception parfois large du bloc de la légalité avec notamment les principes généraux du droit et en utilisant les différents degrés de son contrôle, il a pu progressivement mieux sanctionner les excès de pouvoir de l'administration. Ainsi, l'erreur manifeste d'appréciation a été un moyen pour le juge administratif de s'approcher, – quand il n'y est pas entré –, du contrôle de l'opportunité. On constatera que le Conseil constitutionnel a emprunté cette technique en l'utilisant à propos de la liberté de la presse (CC 11 octobre 1984, Entreprises de presse précité). Ceci a joué en faveur des libertés de l'esprit. Ainsi, en ce qui concerne les publications étrangères, il a pu accroître son contrôle, à la faveur de la décision Maspero en 1971 (CE, Ass., 2 novembre 1973, Société libraire François Maspero, GAJA n° 107).

Mais il a également pu pallier l'inertie du juge judiciaire lorsque celui-ci se montrait défaillant. Il en est ainsi lorsque, confronté aux saisies administratives, le juge judiciaire, à l'époque de la guerre d'Algérie a répugné à sanctionner ce qui était véritablement une voie de fait. Le Conseil d'État a pu enrayer ces pratiques en préférant annuler sur le fondement d'un détournement de procédure (CE, Ass., 24 juin 1960, Société Frampar et Soc. France Editions et Publications, GAJA n° 97).

3. Les nouveaux protecteurs

Mais le contrôle par le juge a pu sembler insuffisant c'est pourquoi de nouveaux protecteurs sont apparus, ou bien d'autres se sont affirmés.

a) Autorités administratives indépendantes

(Bibl. J. Chevallier, Réflexions sur l'institution des autorités administratives indépendantes, JCP 1986 II 215 ; J. Cl. Colliard et G. Timsit, Les autorités administratives indépendantes (PUF 1988) ; E. Pisier, Vous avez dit indépendantes : réflexions sur les autorités administratives indépendantes, Pouvoirs n° 46, 1986, p. 71 ; C. Teitgen-Colly, Les instances de régulation et la Constitution, RDP 1990.153).

Les autorités administratives indépendantes ont connu un très grand développement ces dernières années apparaissant comme une solution à la suspicion dont pouvait être entouré le pouvoir exécutif face aux droits et libertés. Elles sont inspirées des États-

Unis et plus particulièrement de la Fédéral Communications Commission, créée en 1934 et qui attribue les licences. Il en existe huit aux États-Unis. Ce sont les « independant commissions ». La variété de ces autorités administratives indépendantes s'est étendue. Certaines d'entre elles ont une vocation générale. Il en est ainsi du Médiateur, mauvaise copie à l'échelon français de cette remarquable institution suédoise qu'est l'ombudsman, « Zorro des administrés contre l'administration » (Roche et Pouille). Il y a maintenant un médiateur dans l'Union européenne nommé Ier juillet 1995. Mais il est surtout intéressant de constater que certaines de ces autorités administratives indépendantes ont été créées à propos de certaines libertés de l'esprit (Commission Nationale Informatique et Libertés, Commission d'Accès aux Documents Administratifs, Commission du droit de réponse, Conseil Supérieur de l'Audiovisuel). Leur autorité n'a pas toujours été affirmée en raison des conditions de leur création ou parfois de la personne de ceux qui y ont été nommés.

Les autorités administratives indépendantes doivent être créées par la loi (CC 84.173 DC, 26 juillet 1984 Réseaux cablés, RDP 1986.395 Chr. L. Favoreu) si elles ont pour mission de veiller au plein exercice d'une liberté. Elles peuvent avoir un pouvoir réglementaire. Le Conseil constitutionnel (CC 86.217 DC 18 septembre 1986 AJDA 1987.102 note P. Wachsmann) a admis qu'une AAI (en l'espèce la CNCL) « peut disposer du pouvoir réglementaire d'application d'une loi dans un domaine déterminé et dans le cadre défini par cette loi ». Ce pouvoir est cependant second par rapport au Premier Ministre lorsque celui-ci doit l'exercer. Les AAI ont parfois un pouvoir de sanction. A propos du CSA, le Conseil constitutionnel a considéré que cela n'était pas contraire au principe de la légalité des délits et des peines car celui-ci « s'étend à toute sanction ayant le caractère d'une punition même si le législateur a laissé le soin de la prononcer à une autorité de nature non judiciaire » (CSA) (CC 17 janvier 1989 précité). Mais certaines garanties (CC 89.260 DC 28 juillet 1989 RFDA 1989.671 Chr. B. Genevois ; CC 92.307 DC 25 février 1992 Droit d'asile, RFDA 1992.187 Chr. B. Genevois ; AJDA 1992.656 Note F. Julien-Laferrière ; CC 92.311 DC 29 juillet 1992 ; CC 93.325 DC 12-13 août 1993 Maîtrise de l'Immigration, GDCC n° 46) doivent être apportées (légalité des délits et des peines ; nécessité des peines ; respect des droits de la défense ; non rétroactivité de la loi pénale plus sévère). Leur indépendance n'est pas absolue. Elles peuvent être supprimées par le Parlement (cf. Haute Autorité ; CNCL).

Un des exemples les plus caractéristiques est constitué par celles relatives à la communication audiovisuelle. Ainsi, c'est à un véritable feuilleton que nous avons pu assister. La loi du 29 juillet 1982 a créé la Haute autorité composée sur le modèle tripartite du Conseil constitutionnel. Cette institution n'a pas survécu à l'alternance de 1986 et a été remplacée par une autre autorité administrative indépendante à la composition complexe, et en fin de compte, assez peu heureuse : la Commission Nationale de la communication et des libertés. Elle aussi ne devait pas survivre aux changements politiques de 1988 et elle a cédé la place au Conseil supérieur de l'Audiovisuel qui revient au mode de désignation de la Haute Autorité. Chacun a peut-être compris qu'une trop grande instabilité n'était pas souhaitable, et le CSA s'est maintenu en dépit des nouveaux bouleversements politiques. Son enracinement plus profond avait même été envisagé. C'est ce qu'évoquait le Président Mitterrand dans sa lettre (JO 3 décembre 1992, p. 16459) relative au Comité consultatif pour la révision de la Constitution. « On peut se demander s'il ne faut pas intégrer dans la Constitution des institutions qui n'existaient pas en 1958 et qui ont pour mission de préserver les libertés et les droits individuels : Médiateur, Commission nationale de l'Informatique et des libertés, Conseil supérieur de l'audiovisuel, etc... ». Le rapport du Comité Vedel (JO 19 février 1993, p. 2542 et p. 2548) évoque à propos des AAI « un diagnostic partagé ». Le Comité a fait preuve d'une grande prudence estimant « qu'il était préférable de laisser évoluer ce statut sans le figer dans une catégorie constitutionnelle ». Le Comité a cependant fait une place particulière d'une part au Médiateur et d'autre part au CSA. S'agissant de ce dernier qui intéresse immédiatement l'une des libertés de l'esprit, le Comité écrit que « les conditions dans lesquelles sont assurés la liberté et le pluralisme de la communication audiovisuelle méritaient d'être renforcées par la Constitution elle-même. En raison de sa spécificité, le domaine audiovisuel obéit à des contraintes de rareté et de technicité particulières ; par ailleurs, il serait vain de ne pas tenir compte du rôle essentiel que jouent dans la société contemporaine l'information sonore et visuelle ». Le Comité proposait d'insérer dans l'article 4 de la Constitution : *« La liberté et le pluralisme de la communication sont des conditions essentielles de la démocratie. Un organisme indépendant dont la composition et les missions sont fixées par une loi organique veille à leur respect dans le domaine de la communication audiovisuelle. Ses décisions sont soumises au contrôle du juge. Il présente au Parlement un rapport sur son activité ».* Le projet de loi constitutionnelle n° 232 visait à compléter l'article 34 par la disposition suivante : *« La loi fixe la composition et les missions de l'organisme indépendant qui veille au respect de la liberté et du pluralisme de la communication audiovisuelle ».*

b) Les citoyens (Associations, ONG)

Mais plus que sur des institutions, fussent-elles indépendantes, c'est sans doute sur eux-mêmes que les citoyens doivent compter pour garantir leurs libertés, et plus particulièrement les libertés de l'esprit. C'est sans doute ce qu'avaient pensé les révolutionnaires de 1789 puisque, parmi les quatre droits naturels et imprescriptibles de l'homme mentionnés à l'article 2 de la Déclaration des droits de l'Homme et du Citoyen, figurait la résistance à l'oppression. Il s'agit là d'un droit sans doute bien difficile à mettre en œuvre puisque l'article 7 vient en porter la limite en affirmant que *« tout citoyen appelé ou saisi en vertu de la Loi doit obéir à l'instant ; il se rend coupable par la résistance ».*

i) Action collective des citoyens

L'action des citoyens eux-mêmes se réalisera plutôt de façon collective que de façon individuelle. Cela pourra être par l'action au sein d'associations. On sait par exemple le rôle joué en France par la Ligue des droits de l'Homme créée à l'occasion de l'Affaire Dreyfus. Son objectif est généraliste et peut, bien sûr, viser la défense des libertés de l'esprit. Les techniques utilisées pourront être la pétition. La technique a été reconnue très tôt, à l'époque révolutionnaire (Décret du 22 mai 1791 : *« le droit de pétition est ouvert à tout individu... »*). Il s'agit là d'une action assez traditionnelle, bien que mal connue. Si le droit de pétition ne figure pas dans la Déclaration des droits de l'Homme et du Citoyen, il était affirmé dès la Constitution de 1791. *« La Constitution garantit... la liberté d'adresser aux autorités constituées des pétitions signées individuellement ».* Son exercice a connu des abus. Les pétitions étaient apportées collectivement et conduisaient à un envahissement des assemblées, c'est pourquoi l'an III a interdit les pétitions collectives. Aujourd'hui, dans notre droit positif, on le trouve affirmé dans le règlement de l'Assemblée Nationale (art. 146 à 148). et dans celui du Sénat (art. 77 à 79). Encore s'agit-il d'un droit exercé individuellement. Il reste peu utilisé. La loi de 1976 a donné la possibilité de transmettre au Médiateur les pétitions dont le Parlement est saisi. Mais on préfère écrire au Président de la République... ou à son épouse. En fait il est beaucoup plus compris ou envisagé comme un droit collectif et peut, bien évidemment intéresser les libertés de l'esprit. Ainsi, lors de l'adoption de la loi du 31 décembre 1959, dite loi Debré, le Comité national d'Action laïque avait pris l'initiative d'une pétition collective protestant contre ce texte. Elle recueillit plusieurs millions de signatures. Il peut s'agir aussi de pétitions d'intellectuels ou de personnalités diverses (Le Manifeste des 121 sur le droit à l'insoumission en Algérie). Mais l'action collective prendra plus habituellement la forme de la manifestation devant réunir le plus grand nombre possible de personnes afin de faire pression sur le pouvoir. Toujours dans le domaine de l'enseignement on évoquera bien sûr la manifestation du 24 juin 1984 contre le projet de loi Savary qui réunit sans doute plus d'un million de personnes et qui aboutit à son retrait et, dix ans plus tard, dans le camp adverse la manifestation du 16 janvier 1994 hostile à la révision de la loi Falloux.

ii) Organisations non gouvernementales

Mais l'action en la matière, aujourd'hui, dépasse le strict cadre national. Ceci est d'autant plus nécessaire, que dans certaines dictatures toute opposition réelle, en cas de violation des droits et libertés, apparaît impossible. C'est pourquoi le développement des organisations non gouvernementales a pu paraître essentiel. La notion d'ONG peut recouvrir des réalités assez diverses puisque cela peut aller du Comité International de la Croix Rouge jusqu'à l'association mondiale des pêcheurs à la ligne. Dans le domaine des droits de l'Homme, on peut citer parmi les plus connues, Amnesty International. Il ne s'agit pas d'une organisation à vocation générale, puisque son mandat se limite à des objets très précis : abolition de la torture, abolition de la peine de mort, libération des prisonniers d'opinion (il s'agit des personnes n'ayant pas fait usage de la violence et emprisonnées pour leurs opinions), procès juste et équitable pour les prisonniers politiques. Cette association s'appuie notamment sur le rôle que peut jouer l'opinion publique mondiale pour parvenir à ses buts. C'est ainsi que les membres et sympathisants sont appelés à utiliser la technique de la pétition collective, ou bien de la lettre individuelle adressée aux différents responsables des violations de la liberté de l'esprit, cette action ayant un caractère international. Il existe des organisations plus spécialisées comme la Commission internationale des juristes. Certaines associations, sans être à proprement parler des ONG – ou pas encore – visent à une action à l'étranger (Juristes sans frontières).

4. Les libertés en péril : les régimes exceptionnels

Cette action est d'autant plus importante que les libertés de l'esprit sont toujours parmi les premières menacées en cas de tension dans un État. Nous avons déjà vu que la Convention européenne des droits de l'Homme permettait, dans cette hypothèse, d'y porter atteinte. Et de fait les différents régimes que nous avons en France permettent ces restrictions. Nous connaissons essentiellement deux régimes législatifs (nous n'évoquerons pas la mise en garde prévue par l'Ordonnance du 1959 et qui n'a jamais été mise en œuvre). La loi du 9 août 1849, modifiée par la loi du 3 avril 1878, relative à l'état de siège donne compétence à l'autorité militaire pour porter atteinte à certaines libertés, leur liste étant limitative. Parmi les quatre atteintes possible, figure le droit d'interdire les publications et réunions que l'autorité militaire juge de nature à exciter et entretenir les désordres. La loi du 3 avril 1955, modifiée par l'Ordonnance du 15 avril 1960, relative à l'état d'urgence permet de porter atteinte à diverses libertés, principalement la liberté individuelle. L'article 11 permet aussi d'habiliter les autorités administratives à prendre toutes mesures pour assurer le contrôle de la presse et des publications de toute nature ainsi que celui des émissions radiophoniques, des projections cinématographiques et des représentations théâtrales. Cela permet donc d'instaurer la censure. Ces législations ne sont certainement pas devenues obsolètes. Si l'état de siège ne présente plus un grand intérêt, peut-être parce que, paradoxalement, trop protecteur des libertés publiques, il n'en est pas de même de l'état d'urgence, qui, instauré à la faveur de la guerre d'Algérie, a connu une application récente en 1985 à l'occasion des événements de Nouvelle-Calédonie (CC 85.187 DC 25 janvier 1985 État d'urgence en Nouvelle-Calédonie, GDCC n° 37).

Mais en la matière, il existe l'arme suprême que constitue l'article 16 de la Constitution, dont M. Mitterrand avait suggéré la suppression au Comité Vedel, ce que celui-ci n'a pas retenu. Cette « dictature républicaine » confie tous les pouvoirs au Chef de l'État, qu'il s'agisse de l'intégralité de pouvoir exécutif, mais aussi du pouvoir législatif. Cela signifie que le Président de la République peut prendre toute mesure qui lui parait nécessaire et susceptible de porter atteinte aux droits et libertés. On sait qu'à cet égard il n'existe pas de contrôle véritable, le Conseil Constitutionnel n'émettant que des avis et le contrôle exercé par le Conseil d'État se limitant aux mesures de nature réglementaire (CE, Ass., 2 mars 1962 Ruben de Servens GAJA n° 99 ; GDJDA p. 438). Or les mesures intéressant les libertés publiques sont de nature législative. L'article 16 a été utilisé une seule fois, en 1961. A cette occasion parmi les diverses décisions prises par le Président de la République certaines ont intéressé les libertés de l'esprit. Tout d'abord, la décision du

24 avril 1961 a proclamé l'état d'urgence autorisant ainsi les atteintes aux libertés de l'esprit dans ce cadre législatif, mais s'y sont ajoutées d'autres mesures plus spécifiques, certaines visant la fonction publique, et la magistrature et portant atteinte à la liberté d'opinion, d'autres comme la décision du 27 avril 1961 permettant d'interdire les « écrits périodiques ou non, revêtant la forme de cahiers, de feuilles ou de lettres de renseignements, quel que soit leur mode de diffusion ». Etaient ainsi visées les lettres d'information.(cf. CE, 22 avril 1966, Société Union africaine de presse, JCP 1966 14805).

L'article 16 rend ainsi inutile l'application par le juge administratif de la théorie des circonstances exceptionnelles, l'article 16 permettant d'aller encore bien au-delà de ce que le Conseil d'État pouvait admettre. La théorie des circonstances exceptionnelles était apparue sous la forme des pouvoirs de guerre pendant le premier conflit mondial mettant à bas les derniers réduits de libertés maintenus par l'état de siège. Puis « immense éponge » destinée à laver les illégalités selon Hauriou, le Conseil d'État avait pu en faire une application plus large. Mais une application scrupuleuse de l'article 16 n'est pas aisée car il faut que deux conditions soient cumulativement réunies : une menace grave et immédiate sur les institutions ou d'autres éléments de la Nation et une interruption du fonctionnement régulier des pouvoirs publics. En l'absence d'une possible utilisation de l'article 16, la théorie des circonstances exceptionnelles retrouve son intérêt.

B – INTERNATIONALE

1. L'intérêt de la garantie internationale

La protection, aujourd'hui, vient aussi du droit international. Celle-ci devrait être absolue depuis 1989 tout au moins par rapport aux normes infraconstitutionnelles. Le Conseil constitutionnel a déjà eu l'occasion d'affirmer que les conventions internationales n'avaient pas de valeur constitutionnelle (CC 15 janvier 1975 précité ; CC 13 août 1993 précité). Si la Constitution de 1946, dans son article 26 avait posé le principe de la supériorité des traités sur les lois, cette disposition avait été reprise, avec quelques modifications, dans la Constitution de 1958 avec l'article 55. Celui-ci dispose que *« les traités ou accords régulièrement ratifiés ou approuvés ont, dès leur publication, une autorité supérieure à celle des lois, sous réserve, pour chaque accord ou traité, de son application par l'autre partie »*. Si cette autorité n'a pas été contestée en ce qui concerne la supériorité des traités sur les lois antérieures, il n'en était pas de même pour la supériorité sur les lois postérieures, celle-ci conduisant le juge à porter une appréciation sur la loi, contraire au principe de la séparation des pouvoirs (cf. CE, S, 1er mars 1968 Syndicat générale des fabricants de semoule AJDA 1968.235 concl. Questiaux). Suite à la décision du Conseil constitutionnel du 15 janvier 1975 sur l'avortement renvoyant en fait aux juridictions de l'ordre judiciaire ou administratif le soin de trancher le débat, la Cour de Cassation, le 24 mai 1975 dans la décision Société des Cafés Jacques Vabre (Cass., Ch mixte, 24 mai 1975 Adm. des Douanes c/ Soc. Cafés Jacques Vabre, JCP 1975 II 18180 bis Concl. Touffait), a finalement admis la supériorité absolue du Traité. Ce n'est qu'en 1989 que le Conseil d'État a enfin accepté ce principe dans le célébrissime arrêt Nicolo (CE, Ass., 20 octobre 1989 Nicolo, GAJA n° 116, GDJDA p. 50). Les réticences du Conseil d'État avaient encore été affirmées auparavant dans CE, Ass., 22 octobre 1979 Union démocratique du Travail (RDP 1980.531 concl. Hagelsteen). Mais le Conseil constitutionnel avait indiqué la direction à suivre par sa décision du 21 octobre 1988 rendue en matière électorale. Il est intéressant de constater que c'est, notamment, à la suite de l'affaire dite du « foulard islamique », en s'appuyant sur des instruments internationaux que l'Assemblée générale du Conseil d'État a formulé son avis sur les signes religieux extérieurs le 27 novembre 1989 se référant à la convention du 15 décembre 1960 sur la lutte contre la discrimination dans l'enseignement,... seulement un mois après l'arrêt Nicolo. Elle se réfère aussi à la Convention européenne des droits de l'Homme. Ainsi, dès lors qu'une disposition de droit interne français sera en contradiction avec une convention internationale, c'est la convention internationale qui primera, sous réserve, bien sûr, que la Convention soit plus favorable que la disposition interne. La plupart des textes internationaux prennent d'ailleurs soin de préciser ce point. Ainsi l'article 60 de la Convention européenne des droits de l'Homme mentionne que *« Aucune des dispositions de la présente Convention ne sera interprétée comme limitant ou portant atteinte aux droits de l'homme et aux libertés fondamentales qui pourraient être reconnus conformément aux lois de toute Partie contractante ou à toute autre Convention à laquelle cette Partie contractante est partie »*. Cependant la garantie apportée par les textes internationaux est très variable en raison des dispositions spécifiques qu'elles peuvent contenir, et à cet égard, la Convention européenne des droits de l'Homme est très certainement beaucoup plus efficace – même si certains pourront encore la trouver perfectible – que les textes à vocation mondiale.

2. Faiblesses des instruments classiques

S'agissant des conventions internationales il convient de bien connaître leur portée, et notamment d'examiner la question de leur caractère self executing. Une convention est-elle applicable sans intervention du législateur ? La solution n'est pas la même pour tous les textes. Si la Convention européenne des droits de l'Homme possède ce caractère self executing ceci valant pour toutes ses clauses, il n'en va pas de même par exemple pour la Charte sociale européenne (CE 20 avril 1984 Ministre délégué chargé du budget c/ Melle Valton et autre, Rec. 148) ou la Convention internationale relative aux droits de l'enfant (TA Lyon 4e Ch. Cts Bensalem c/ Préfet de la Loire ; Cas. Civ. I 15 juillet 1993 X c/ ASE du Val de Marne D. 1994.191 note Massip ; Cas civ. I, 10 mars 1993 M. X... c/ Mme Y... D 1993.361 obs. Massip ; Cas. civ. I, 2 juin 1993 Mme X... c/ Mme Y... D. 1993 IR 153) (Voir les critiques sur l'absence de caractère self executing de cette convention : J.P. Martin, Un traité bien maltraité JCP 1993 I 3677 ; D. Verdier et G. Raymond, JDI juin 1993 n° 126 p. 33s).

Dans le cadre onusien, le Pacte relatif aux droits civils et politiques, ratifié par la France le 4 novembre 1980 apporte certaines garanties, cependant bien limitées. D'une part, chaque État doit présenter un rapport au « Comité des droits de l'Homme » qui peut adresser *« toutes observations générales qu'il jugerait appropriées »*. D'autre part, un État s'il a effectué (article 41) la déclaration aux termes de laquelle il reconnaît formellement la compétence du Comité, peut signaler une violation du Pacte par un autre État. Le Comité des droits de l'Homme, organe institué par ce texte et comprenant 18 membres élus par les États parties au Pacte est compétent pour faciliter une conciliation entre les deux États. Il met *« ses bons offices à la disposition des États parties intéressés »* l'objectif étant de parvenir à une « solution amiable de la question ». S'il peut rapprocher les parties, il y a intervention d'une commission ad hoc. Cela se termine par un rapport et des recommandations qui ne s'imposent pas aux parties. On constate que l'efficacité de ces dispositions est très problématique. Le Protocole facultatif n° 1, ratifié par la France le 25 mai 1984 (JORF 5 juin 1984 p. 1742), essaie d'aller un peu plus loin puisqu'il permet au Comité de recevoir et examiner les communications émanant de particuliers relevant de sa juridiction qui prétendent être victimes d'une violation par cet État de l'un des droits protégés par le Pacte. Cela n'aboutira pas à une véritable condamnation de l'État, mais simplement à une « constatation ». Là encore, on peut penser que la portée est des plus limitées. Il n'en reste pas moins que la possibilité pour le Comité de publier ces constatations pourra s'appuyer sur l'opinion publique internationale, beaucoup plus efficace qu'il n'y parait, les États étant toujours soucieux de leur image. Il n'en reste pas moins que la force du Pacte est très limitée quand on le compare à la Convention européenne des Droits de l'Homme.

3. Force de la CEDH

L'intérêt de la Convention réside sans doute dans l'importance et la précision des droits et libertés protégés, ceux-ci étant complétés par certains protocoles additionnels (Protocoles n° 1, 4, 6 et 7) venant enrichir le corpus de la Convention, mais peut-être encore plus dans la garantie concrète qui est offerte aux personnes sous la juridiction des États parties. D'une part, la Convention permet le recours d'un État partie contre un autre État. Cette disposition en raison de ses implications fatalement très politiques a peu eu l'occasion de jouer et jamais à propos des libertés de l'esprit, sauf pour celles-ci à être l'objet de violations parmi d'autres. Dans la première affaire grecque, la Commission avait conclu à la violation, entre autres, des articles 9 et 10. Dans la requête France, Danemark, Pays-Bas, Norvège et Suède contre Turquie, parmi les différentes violations invoquées, les articles 9 et 10 étaient visés. Mais dans ces deux affaires, la procédure a été interrompue pour des raisons différentes. L'intérêt majeur de la Convention réside surtout dans le droit de recours individuel qui est offert aux personnes, sous réserve que l'État l'ait accepté par une déclaration expresse prévue à l'article 25 (La France a souscrit cette déclaration le 2 octobre 1981 (D 81-917 du 9 octobre 1981) et l'a renouvelée le 20 octobre 1986, le 25 septembre 1989 et le 22 septembre 1994 pour cinq ans). La procédure est assez complexe faisant d'abord intervenir la Commission européenne des droits de l'Homme puis éventuellement la Cour européenne des droits de l'Homme, le recours pouvant conduire éventuellement à la condamnation de l'État.

Dans les recours étatiques, il y a peu de risques pour les États. Le caractère politique, s'il n'entraîne pas d'immunité des États, conduit à une très grande prudence et les États eux-mêmes hésitent à s'engager sur la voie d'un recours contre d'autres États. La conclusion de la requête contre la Turquie montre très bien cette dimension politique.

La cour a été conduite par sa jurisprudence à développer le contenu de certaines libertés de l'esprit. Nous les évoquerons plus en détail dans la deuxième partie. Certains arrêts importants ont pu fixer le cadre de la liberté de la presse (7 décembre 1976 Handyside c/ Royaume Uni, B n° 135), la liberté d'expression (25 mars 1985 Barthold c/ Allemagne, B n° 129 ; 8 juillet 1986, Lingens c/ Autriche, B n° 130), liberté d'opinion (20 août 1986, Glasenapp c/ Allemagne, B n° 130). Elle va même plus loin. Dans l'arrêt Sunday Times (CEDH, 26 avril 1979 Sunday Times c/ Royaume Uni, B n° 128), elle précise ce qu'est une société démocratique. Cependant il y a des limites. C'est un parcours du combattant. Il faut du temps car il faut épuiser les voies de recours internes puis saisir la Commission, puis éventuellement intervient la Cour. Il faut aussi que le droit de recours individuel ait été accepté par l'État. La France a attendu 7 ans (Décret du 9 octobre 1981). Si la France est devenue (hélas !) l'un des « meilleurs clients » de la Cour, les condamnations au titre d'une violation de la liberté de l'esprit ont été rarissimes. On peut y rattacher l'arrêt Ezelin sanctionnant une violation de l'article 11 (liberté de réunion et d'association) à propos d'un avocat condamné à un blâme pour ne pas s'être désolidarisé d'une manifestation contre une décision judiciaire (CEDH 26 avril 1991, Ezelin c/ France, B n° 142), et le récent arrêt Piermont du 27 avril 1995.

Le Protocole n° 11 devrait donner un nouvel élan au système (cf. Chron. J.F. Flauss, AJDA 1995.124 ; R. Drzemczewski et J. Meyer-Ladewic : principales caractéristiques du nouveau mécanisme du contrôle établi par la Convention européenne des droits de l'Homme suite au Protocole n° 11, RUDH 1994 n° 3 p. 83) en supprimant la Commission et en instituant une cour unique, mais siégeant en comités de trois juges, en Chambres de sept juges et en grande Chambre de dix-sept juges pour *« une question grave relative à l'interprétation de la Convention »* ou de ses protocoles ou encore si la solution *« peut conclure à une contradiction avec un arrêt antérieur »*. Le nombre croissant d'États parties à la Convention ne permettait plus de maintenir le fonctionnement d'une Cour en formation plénière, même si juridiquement, la Cour (art. 20) en tant que telle comprend un nombre de juges égal à celui des États parties.

4. Droit communautaire

La garantie apportée par la Cour de Justice des Communautés européennes a pu paraître insuffisante. Dans ses premières années elle avait refusé de considérer les droits fondamentaux comme principes généraux communs aux États membres. La Cour s'est opposée à la Cour constitutionnelle italienne et à la Cour de Karlsruhe sur la question des droits fondamentaux. Cela l'a conduite à les intégrer progressivement même si la fin de la résistance des cours allemande et italienne a été tardive.

(CJCE 12 novembre 1969 Stauder Rec. 419, concl. K. Roemer ; 17 décembre 1970 Internationale Handelsgesellschaft c/ Einfuhr und Vorratsstelle für Getreide und Futtermittel, GACJCE n° 17 ; 14 mai 1974 Nold se réfère à la CEDH Rec. 608 ; RTDE 1974.624 Concl. Trabucchi : 28 octobre 1975 Rutili Rec. 1219 ; RTDE 1976.138. Elle se réfère directement aux article 8, 9, 10 et 11 et à l'article 23 du 4° Protocole ; 28 octobre 1992 Ter Voort, I, 5485 Concl. G. Tesauro vise l'art. 10 qui intéresse les libertés de l'esprit).

Sans doute aurait-on pu envisager des liens plus étroits entre la Cour de Luxembourg et la Cour de Strasbourg. Mais la Commission européenne des droits de l'Homme a estimé que les recours n'étaient pas possibles contre les actes communautaires (Comm. 10 juillet 1978, CFDT) et nous avons déjà souligné les difficultés d'une adhésion communautaire à la convention européenne.

(Sur les rapports entre CJCE et CEDH cf. G. Cohen-Jonathan, La commission européenne des droits de l'Homme et le droit communautaire : quelques précédents significatifs, Europe, décembre 1994 pp. 3-5).

DEUXIÈME PARTIE

Le contenu des libertés de l'esprit

Les libertés de l'esprit ont pu voir leur contenu et les modalités de leur encadrement évoluer considérablement. Mais quoi qu'il en soit cette réglementation sera fonction du rôle que l'État entend jouer. C'est ainsi que nous pourrons, pour l'essentiel rencontrer trois types d'attitude. Dans l'État totalitaire, l'État interviendra dans tous les domaines de la vie sociale. Aucune activité ne lui échappera, et donc toutes les libertés seront encadrées, guidées dans leur exercice. C'est la situation extrême, et en fait, la plus rare, même si souvent on confond totalitarisme et régime autoritaire, car s'il ne peut y avoir totalitarisme sans régime autoritaire, le régime autoritaire n'entraîne pas obligatoirement le totalitarisme. Dans l'État autoritaire, l'objectif des gouvernants sera avant tout d'assurer leur pouvoir. Ainsi à titre d'exemple cela n'empêchera pas la liberté religieuse alors que celle-ci est impensable dans un État totalitaire. Ce que redoute avant tout l'État autoritaire, ce n'est pas tant la liberté d'opinion que son expression et ses conséquences.

En ce qui concerne l'État libéral que certains qualifieront « d'ouvert », il est très certainement un terreau propice à l'épanouissement des libertés, et plus particulièrement à celui des libertés de l'esprit, sous réserve de ne pas appréhender l'État libéral sous sa dimension économique. Le libéralisme économique s'accommode très bien de l'élimination de certaines libertés, et plus particulièrement des libertés de l'esprit. En matière de libertés, le libéralisme absolu existe rarement, soit en raison du droit positif, soit en raison de la pression sociale qui ne pourra laisser se manifester toutes les modalités d'expression. Il n'en reste pas moins que la forme retenue par la France aujourd'hui est celle de l'État libéral, avec sans doute une attention encore plus grande pour une protection concrète à travers le développement des « droits fondamentaux ».

Parmi les libertés de l'esprit, la liberté première sera sans doute la liberté de conscience. Celle-ci peut être envisagée de façon très générale à travers la liberté d'opinion. Elle peut être envisagée de façon plus particulière à travers la liberté religieuse.

I LA LIBERTÉ DE CONSCIENCE

La liberté de conscience, du for intérieur, que ce soit sous la forme générale de la liberté d'opinion ou sous la forme plus particulière de la liberté religieuse est affirmée de façon sûre. Elle l'est tout d'abord dans la Déclaration des droits de l'Homme et du Citoyen. L'article 10 dispose : *« Nul ne doit être inquiété pour ses opinions, même religieuses »*, la seule limite figurant dans le trouble susceptible d'être apporté à l'ordre public. Le Préambule de la Constitution de 1946 la précise sous l'angle de la non-discrimination, en affirmant que *« nul ne peut être lésé, dans son travail ou son emploi, en raison de ses origines, de ses opinions ou de ses croyances »*. Elle est également soulignée dans la Constitution dont le nouvel article 1 affirme que la République *« respecte toutes les croyances »*. Le Conseil constitutionnel l'a considérée comme principe fondamental reconnu par les lois de la République dans sa décision du 23 novembre 1977 (CC 87 DC 23 novembre 1977 Liberté d'enseignement et de conscience, GDCC n° 25) d'une façon assez paradoxale puisque la Haute instance ne s'appuie pas sur une ou des lois particulières de nos républiques, mais sur l'article 10 de la Déclaration de 1789 et le Préambule de 1946. Enfin, la Convention européenne des droits de l'Homme l'affirme à l'article 9 et la Cour européenne des Droits de l'Homme a pu estimer dans sa décision du 26 avril 1979 Sunday Times (B, n° 128) que c'est « un des fondements essentiels d'une société démocratique, l'une des conditions primordiales de son progrès ».

A – LA LIBERTÉ D'OPINION

La liberté d'opinion peut être considérée comme respectée dans la mesure où l'on peut estimer que le délit d'opinion a disparu... ou presque.

1. Caractère non absolu

Toute opinion est-elle admissible ? Le débat est classique. Peut-il y avoir liberté pour les ennemis de la liberté ? L'article 30 de la Déclaration universelle des droits de l'Homme (« *Aucune disposition de la présente Déclaration ne peut être interprétée comme impliquant pour un État, un groupement ou un individu un droit quelconque de se livrer à une activité ou d'accomplir un acte visant à la destruction des droits et libertés qui y sont énoncés* ») et l'article 17 de la Convention européenne des droits de l'Homme (« *Aucune des dispositions de la présente Convention ne peut être interprétée comme impliquant pour un État, un groupement ou un individu, un droit quelconque de se livrer à une activité ou d'accomplir un acte visant à la destruction des droits ou libertés reconnus dans la présente convention ou à des limitations plus amples de ces droits et libertés que celles prévues à la dite convention* ») laissent penser que cette liberté peut être fortement restreinte. La Cour européenne des droits de l'Homme a admis qu'il pouvait y avoir des limites à la liberté, à propos du Parti communiste d'Allemagne (KPD). La Loi fondamentale de la République fédérale d'Allemagne (article 21), permet d'interdire les partis politiques. Le KPD qui invoquait la violation des articles 9, 10 et 11 de la Convention n'a pas été suivi par la Commission européenne des droits de l'Homme (Comm. Eur. DH, AFDI 1957.464). Pour la Commission « il n'en résulteront aucunement une renonciation à ses fins traditionnelles » que supposent le passage par la dictature du prolétariat, or le « recours à la dictature du prolétariat pour l'instauration d'un régime est incompatible avec la Convention ».

Sans doute pourra-t-on trouver, çà et là, une survivance du délit d'opinion, selon l'analyse que l'on fera de la disposition incriminée. La loi du 29 juillet 1881, dont chacun pourtant connaît le libéralisme en comporte quelques traces. Cela a pu figurer dès l'origine. Il en est ainsi de l'offense au Président de la République. Sans doute, ce délit a-t-il eu peu d'importance sous la IIIe et la IVe République en raison du rôle réduit joué par le Chef de l'État. Il n'en a plus été de même sous la Ve République. Le général de Gaulle a fait un abus de cette disposition et les poursuites sur ce fondement visaient souvent bien plus la politique menée par le Chef de l'État que la personne du Chef de l'État lui-même. Il est évident que compte tenu du nouveau système politique que nous connaissons depuis 1958, l'article 26 de la loi du 29 juillet 1881 devrait être modifié si ce n'est supprimé. La loi du 13 juillet 1990, dite loi Gayssot, en interdisant toute négation des crimes commis par les nazis, constitue d'une certaine façon le délit d'opinion en venant sanctionner le fait d'avoir une opinion fausse. (cf. aussi art. R. 645-1 Nouveau Code pénal) (Voir aussi CC 94-345 DC 29 juillet 1994, Loi sur francophonie, RDP 1994.1663 Chr. J.P. Camby ; JCP 1995 II 22359 note R. Debbasch ; Petites Affiches, 1995 n° 18 p. 4, Chr. A. Riou ; AJDA 1994.731 note P. Wachsmann).

En fait, le délit d'opinion ne se situe pas au niveau de l'opinion elle-même, mais plutôt au niveau de son expression. L'opinion, dans son expression, et peut-être plus selon la façon dont elle est exprimée, peut être constitutive de délits de presse. C'est par exemple ce que sanctionnera la loi du 29 juillet 1881 dans ses articles 23 et suivants(par exemple, les cris ou chants séditieux).Sans être pour autant délictueuse, l'expression d'opinion peut faire l'objet de mesures administratives lorsque cette opinion est susceptible d'entraîner des troubles à l'ordre public. C'est ainsi que l'on peut analyser la jurisprudence Benjamin (CE 19 mai 1933, GAJA n° 52 ; GDJDA p. 211). Enfin, on soulignera en droit privé la nullité des clauses portant atteinte à la liberté d'opinion. L'article 1 de la Constitution prohibe toute discrimination de ce fait.

Le législateur s'est inquiété des risques que pouvait entraîner le progrès technique sur la liberté d'opinion, qui doit rester le jardin secret de chacun. C'est ainsi que la loi du 6 janvier 1978, dite Informatique et libertés, dans son article 31 interdit *« de mettre ou conserver en mémoire informatisée, sauf accord exprès de l'intéressé, des données nominatives qui, directement ou indirectement, font apparaître les origines raciales ou les opinions politiques, philosophiques ou religieuses ou les appartenances syndicales ou « les mœurs » des personnes ».* Cependant afin de ne pas gêner leur action, la loi permet aux églises et aux groupements à caractère religieux, philosophique, politique ou syndical de pouvoir tenir un registre de leurs membres ou correspondants sous forme automatisée. L'article 31 ne concerne pas non plus les organismes de la presse écrite ou audiovisuelle. Cette question a soulevé il y a quelques années quelques difficultés à propos des fichiers des renseignements généraux (Décret du 2 février 1990 et 27 février 1990 pour les R.G. pris après avis favorable de la CNIL et du Conseil d'État. Le gouvernement a retiré les fichiers des R.G. par le décret du 2 mars 1990). La Convention pour la protection des personnes à l'égard du traitement automatisé de données à caractère personnel, du 28 janvier 1981, ratifiée par la France le 1er octobre 1985 vient conforter cette protection en lui donnant une dimension internationale.

2. Fonction publique/Entreprises

La question de la liberté d'opinion peut soulever des difficultés dans le domaine du travail, qu'il s'agisse de la Fonction publique ou de l'entreprise privée.

a) Fonction publique

Dans la fonction publique, la question ne devrait pas soulever de difficulté majeure en raison des principes posés par l'article 6 de la Déclaration des Droits de l'Homme et du Citoyen qui dispose que *« tous les citoyens étant égaux à ses yeux (la Loi), sont également admissibles à toutes dignités, places et emplois publics, selon leur capacité, et sans autre distinction que celle de leurs vertus et de leurs talents »*. Cette disposition a pour conséquence logique le principe du concours administratif. Le système français nous parait des plus évidents. Et pourtant tel n'est pas le cas dans certains États étrangers. Chacun évoquera ici le « spoils system » aux États-Unis, appelé aussi Patronage system. L'expression a été rendue célèbre par le discours du sénateur Marcy qui déclarait : *« To the victor belong the spoils of the enemy »*. Le système américain présente l'avantage que l'on aura des fonctionnaires loyaux et donc, ceux-ci seront efficaces car il sera de leur intérêt que la politique mise en œuvre conduise à des résultats heureux. Mais l'inconvénient majeur est que les nominations ne seront pas fondées sur la compétence. En fait, on a un peu exagéré l'esprit de ce système et le merit system lui a été substitué à la faveur du Pendleton Federal Civil Service Act de 1883. Là encore toute une gradation est possible avec notamment la possibilité d'écarter certaines opinions. La question a connu quelque retentissement en Allemagne avec les interdictions professionnelles (Berufsverbot) frappant essentiellement les personnes ayant des idées d'extrême gauche.

Le système français s'efforce d'assurer au mieux la non discrimination dans l'accès à la fonction publique. Des scandales restés célèbres, comme l'affaire des Fiches (1900-1904), ont posé le problème de façon retentissante. Il en est résulté la règle de la communication du dossier en matière disciplinaire (Loi du 22 avril 1905). Ce principe que la jurisprudence de Conseil d'État s'est efforcée d'ancrer a permis à la Haute Assemblée de censurer des décisions intervenant pour des raisons religieuse, puis après la guerre froide celles écartant des candidats professant des opinions d'extrême gauche. L'arrêt Barel (CE 28 mai 1954, GAJA n° 89 ; GDJDA p. 379) a fixé la jurisprudence, qui dans le passé avait accepté certaines atteintes à ce principe avec la décision Abbé Bouteyre à propos d'un ecclésiastique exclu de l'agrégation de philosophie (CE 10 mai 1912 Abbé Bouteyre, GAJA n° 28). En fait l'arrêt Abbé Bouteyre avait été analysé abusivement. Il ne faisait que constater que le Ministre de l'Instruction publique avait usé du droit d'appréciation que lui conféraient les textes. Par la suite, cette jurisprudence a été tempérée (TA Paris 7 juillet 1970 Spagnol, Rec. 837) et un avis du Conseil d'État du 21 décembre 1972 a affirmé qu'il n'y avait pas d'incompatibilité de principe entre l'état ecclésiastique et les fonctions enseignantes. Sans doute, la liberté d'accès n'est pas absolue et c'est ainsi que l'exclusion de certains candidats en raison de leurs opinions est toujours possible. Dans l'arrêt Barel, on n'exclut pas la possibilité d'une exclusion. On évoque la « réserve que doivent observer » les candidats à la fonction publique. La jurisprudence est très subtile. Ainsi à propos du concours de l'Ecole Nationale de la Magistrature dans l'arrêt Mulsant (CE 18 mars 1983 Mulsant, Dr. Adm. 1983 n° 166 ; AJDA 1983.530 Chr. Lasserre et Delarue) le Conseil d'État sanctionne l'exclusion fondée sur la seule raison que l'intéressé aurait participé à des manifestations étudiantes même accompagnées d'incidents comme la « retenue » d'enseignants. En revanche, dans la décision Raoult (CE, S, 10 juin 1983 Raoult, AJDA 1983.552 Concl. M. Laroque ; RDP 1983.1404 note J. Waline), la même instance admet la possibilité d'écarter le requérant qui, pendant le service national, a participé à la rédaction et à la diffusion d'un journal de « comités de soldats » compte tenu de certains messages. On ne prohibe les exclusions que si elles se fondent « exclusivement » sur les opinions politiques (CE, S, 19 juillet 1953 Lingois ; D. 1954.99, note G. Morange) (CE, S, 10 juin 1983, Raoult, précité) ce qui peut être très critiquable lorsque l'on se réfère à des opinions émises quelques mois ou quelques années auparavant. Il devrait au moins exister un droit de repentir. La loi du 13 juillet 1983 portant droits et obligations des fonctionnaires, et qui a remplacé le Statut de 1959, reprend les principes posés dans l'article 13 de l'Ordonnance de 1959. Son article 6 dispose que *« la liberté d'opinion est garantie aux fonctionnaires. Aucune distinction ne peut être faite entre les fonctionnaires en raison de leurs opinions politiques, syndicales, philosophiques ou religieuses, de leur sexe, de leur état de santé, de leur handicap ou de leur appartenance ethnique ».*

La liberté d'opinion doit également valoir pour la carrière du fonctionnaire. L'affaire des fiches n'est plus imaginable (CE 28 avril 1938 Delle Weiss DP 1939 III 41 ; 29 juillet 1939 Delle Beis Rec 524 ; 4 mais 1948 Connet S 1949 III 41 note Rivero ; CE 8 décembre 1948 Delle Pasteau ; S 1949 III 41 note Rivero ; RDP 1949.73 note M. Waline ; 3 mai 1950 Delle Jamet Rec. 247 ; 7 juillet 1954 Jannet RPDA 1954 n° 313, Rec. Somm. 811 ; CE 24 avril 1963 Durrieu Rec. 242). L'article 18 de la loi, de 1983, prévoit qu'il *« ne peut être fait état dans le dossier d'un fonctionnaire, de même que dans tout document administratif, des opinions ou des activités politiques, syndicales, religieuses ou philosophiques de l'intéressé »*. C'est tout à fait logique compte tenu des principes posés par le Préambule de la Constitution de 1946 : *« Nul ne peut être lésé dans son travail ou son emploi, en raison de ses origines, de ses opinions ou de ses croyances »*.

Cependant cette ignorance des opinions du fonctionnaire ne saurait être totale. Elle ne peut jouer pour les emplois supérieurs laissés à la discrétion du gouvernement (cf. article 25 du Statut ; Décret du 21 mars 1959 modifié) (CE Ass. 13 mars 1953 Teissier ; GAJA n° 86) où l'obligation de loyalisme est très forte (cf. CE 1er octobre 1954 Guille ; GDJDA p. 380 ; CE, S, 24 juin 1949, Nègre Rec. 304). Le fonctionnaire pourra exprimer ses opinions hors du service, par exemple, collaborer à un journal politique (CE 19 décembre 1919, Chobeaux, Rec. 940) ou adhérer à un parti (CE 1er octobre 1954, Guille précité).

Si la liberté d'opinion doit protéger le fonctionnaire, elle doit aussi protéger le service et permettre sa neutralité. Même si l'ancien article 183 du Code pénal, qui déclarait coupable de forfaiture le juge ou l'administrateur qui s'était décidé par faveur pour une partie ou par inimitié contre elle, n'est pas repris dans le nouveau Code pénal, le principe n'en demeure pas moins. Pendant longtemps, cette neutralité a surtout été comprise comme devant permettre une neutralité religieuse. Cela a conduit à la fin du XIXe siècle, à faire disparaître des bâtiments publics, notamment des écoles et des tribunaux, les différentes références religieuse, principalement les crucifix. Cette situation qui peut nous sembler avoir quelque caractère d'évidence ne s'impose pas partout. Ainsi, la Cour de Karlsruhe dans sa décision du 10 août 1995 a ordonné que soient retirés les crucifix des murs des écoles en Bavière. Elle a déclaré inconstitutionnel un article du règlement scolaire du Land prévoyant la présence obligatoire d'une croix dans chaque classe des écoles publiques. La question a débordé la frontière pour soulever aussi quelques passions en Autriche.

En fait cette neutralité n'est pas absolue en France ainsi qu'en témoigne la présence d'aumôneries religieuses dans certains établissements d'enseignement ou militaires.

La neutralité a pour conséquence l'obligation de réserve imposée aux fonctionnaires. Celle-ci est une construction jurisprudentielle (cf. Concl. Laurent sur CE 1er octobre 1954 Guille).

D'autres obligations peuvent peser sur le fonctionnaire. Certains ont une obligation de secret (article 26 du Statut), une obligation de discrétion (CE, 6 mars 1953 Delle Faucheux RDP 1953.1031 note Waline), une obligation de loyalisme (CE 8 janvier 1964 Beville, AJDA 1964.144, à propos d'un fonctionnaire ayant participé à un congrès préconisant l'indépendance des départements d'outre-mer).

Mais il y aussi, depuis le statut de 1983-84, une obligation d'information (article 27). Celle-ci est absolue dans le service. Hors du service, elle se présente de façon différenciée. Elle est variable selon les emplois. Sans doute, a priori, le fonctionnaire, hors du service a-t-il une liberté d'opinion et d'expression. Cependant cela ne doit pas conduire à gêner le service (CE 10 mars 1971 Jannes ; D. 1972.735 note Guibal ; AJDA 1971.662 note V.S. à propos d'un fonctionnaire qui avait critiqué de façon violente la gestion de son ministre par des tracts et la participation à une réunion électorale). L'étendue de cette liberté hors du service va dépendre de la qualité du fonctionnaire(elle sera particulièrement réduite pour les militaires : le texte fondamental est la loi du 13 juillet 1972 modifiée par la loi du 30 octobre 1975 ; les syndicats sont interdits, l'autorisation préalable pour traiter publiquement de questions politiques ou de problèmes militaires est requise ; le devoir de réserve est strictement entendu (CE 19 février 1964 Liebig Rec. 836) ainsi que le secret professionnel (art. 18) et l'obligation de discrétion. Les militaires sont libres de leurs opinions et croyances (article 7) mais leur liberté d'expression est réglementée (Inst. min. 29 septembre 1972).

La place dans la hiérarchie est importante à cet effet. L'agent subalterne ne sera, pour ainsi dire, pas soumis à l'obligation de réserve. Il ne saurait en être de même pour un fonctionnaire d'autorité (CE Ass. 13 mars 1953 Teissier précité), ce qui ne saurait concerner tous les hauts fonctionnaires. Il s'agit des emplois visés à l'article 25 de la loi du 11 janvier 1984 et du décret 85-779 du 24 juillet 1985. Il faudra aussi prendre en considération les circonstances dans lesquelles s'est exprimé le fonctionnaire (CE, S, 8 mars 1968 Plenel ; AJDA 1968.224 Chr. Massot et Dewost), la publicité des propos (CE, S, 1er décembre 1972 Delle Obrego, RDP 1973.516

concl. Mme Grevisse ; AJDA 1973.31 Chr. Cabanes et Léger, 37 concl. Grévisse, 339 note Bréchon-Moulènes).

De la même façon la liberté d'opinion, et donc l'obligation de réserve pourra être fonction des activités syndicales (exclues pour les préfets et les militaires) exercées par l'agent sans que cela permette une liberté totale (cf. CE 1er décembre 1972 Delle Obrego précité ; CE 18 mai 1956 Boddaert RPDA 1956.105 ; CE, S, 8 juin 1962 Ministre des P et T c/ Frischmann ; CE 25 mai 1966, Rouve, D 1967.6 concl. Rigaud ; CE Ass. 31 janvier 1975, Volff et Exertier, AJDA 1975.139 et 124 chr. Franc et Boyon ; RDP 1975.84 note J. Robert) Les activités syndicales ne doivent pas avoir de conséquences sur l'avancement (CE Ass. 5 novembre 1976 Lyon-Caen ; AJDA 1977.29 Chr. Nauwelaers et Fabius).

b) Entreprises

Si le problème de la liberté d'opinion se pose dans la fonction publique, il n'est pas absent dans les entreprises privées. Sans doute la liberté d'opinion doit-elle être respectée. Rappelons le Préambule de la Constitution de 1946 déjà évoqué qui affirme que *« nul ne doit être lésé dans son travail ou son emploi en raison de ses origines, de ses opinions ou de ses croyances »*. L'article L. 122-45 du Code du Travail vient préciser cela. (Voir l'article L. 412-2 issu de la loi du 27 avril 1956). L'objectif est de protéger contre l'employeur, mais aussi contre les syndicats et la pratique du closed shop (Cependant : dockers, imprimerie...). Déjà, l'article 31 de la loi du 9 décembre 1905 avait envisagé le problème pour les opinions religieuses.

Pour certaines professions les problèmes de conscience peuvent se poser de façon accrue. On a pu le constater à propos des médecins face aux problèmes de l'avortement, la loi de 1975 leur permettant de ne pas en effectuer. De même, mais la question est plus ancienne, on connaît la clause de conscience des journalistes que nous examinerons à propos de la liberté de la presse. Mais les problèmes de conscience peuvent aussi se poser pour l'agent public avec le droit de désobéir à l'ordre illégal, conséquence logique du droit de résistance à l'oppression proclamé dans la Déclaration des droits de l'Homme et du Citoyen. Mais l'application est peu aisée (CE, S, 11 novembre 1944, Langneur, GDJDA p. 394).

Les lois Auroux ont permis aussi de faire de la liberté d'opinion une liberté collective plutôt qu'une liberté individuelle. L'unité de travail peut formuler des réflexions sur les conditions de travail.

Cependant, ces principes peuvent trouver des limites (cf. Cass., Ass. 19 mai 1978, Dame Roy c/ Association pour l'éducation populaire Sainte-Marthe, Bull. n° 1, p. 1 ; D 1978.541 concl. Schmelck, note Ph. Ardant. Cass. Soc. 17 avril 1991 P... C/ Assoc. Fraternité Saint-Pie X, Dr. Soc. 1987.375 note J. Savatier ; JCP 1991 II 21724 obs. A. Seriaux, à propos d'un sacristain homosexuel). La Cour de cassation se fonde sur l'article L. 122-35 (et L. 122-45) du Code du Travail (Depuis lors, la loi du 12 juillet 1990 a interdit aussi de licencier en raison des mœurs) ; (cf. aussi Cass. Soc. 20 novembre 1986 Dr Soc. 1987.375 note J. Savatier ; JCP 1987 II 20798 note Th. Revet à propos d'un professeur de théologie dans une Faculté protestante et Cass. 28 avril 1988, D. 1988.437).

3. Objection de conscience

La liberté de conscience a connu aussi des développements nouveaux avec la question de l'objection de conscience. (cf. J. Duffar, L'objection de conscience en droit français, RDP 1991.657 ; Robert et Duffar, Libertés publiques, pp. 490-449).

La façon dont est réglementée l'objection de conscience est loin d'être satisfaisante, même si un équilibre un peu plus heureux a pu être obtenu à la faveur de la loi du 8 juillet 1983.

Pendant longtemps, l'objection de conscience était refusée et conduisait en fait à considérer l'objecteur comme insoumis. Ce n'est qu'à la suite d'une longue campagne, marquée par des grèves de la faim que Louis Lecoin parvint à l'adoption – à contrecœur – de la loi du 21 décembre 1963. Le système alors mis en place prévoyait que la demande devait être soumise à une Commission juridictionnelle composée d'un magistrat, de trois officiers et de trois personnalités désignées par le Premier Ministre. La décision de cette Commission pouvait faire l'objet d'un recours en cassation devant le Conseil d'État. Egalement, un deuxième examen pouvait être demandé à la Commission par le Ministre, soit d'office, soit sur requête de l'intéressé.

Trois conditions étaient posées par l'article 1 de la loi en ce qui concerne les convictions de l'intéressé. Il devait être opposé personnellement à l'usage des armes. Cette opposition devait être fondée sur des convictions religieuses ou philosophiques. Enfin, cette opposition devait être permanente. Le Conseil d'État, dont le contrôle a été plus large que l'on pouvait l'imaginer a eu l'occasion de préciser certains points. Notamment il a accepté les demandes stéréotypées (dites pelle et pioche) (CE Ass. 21 décembre 1973 Michalet, D. 1974.421 note Mourgeon ; RDP 1974.1788 concl. Braibant ; AJDA 1974.83 chr. Franc et Boyon). Cependant, il semble que la jurisprudence se soit essoufflée dans son libéralisme(CE 25 juillet

1980 Dollet AJDA 1981.154 concl. Thery ; RDP 1981.209 note Robert).

Si cette loi constituait un réel progrès par rapport à une absence de reconnaissance, elle était loin d'être satisfaisante. Pour certains, ce qui n'était pas exact, elle était contraire à la Convention européenne des droits de l'Homme. Mais on critiquait essentiellement deux points. Tout d'abord, les délais pour effectuer la demande étaient particulièrement brefs. Et surtout elle était une loi honteuse puisque l'article 11 interdisait toute propagande. Il était très difficile d'informer. En outre, elle avait un caractère pénalisant (durée double du service ; accès interdit à certains emplois publics).

La loi du 8 juillet 1983 a essayé de mettre fin à certaines incohérences ou mesquineries alors que d'autres pays européens, principalement en Europe du Nord, affichaient des positions plus ouvertes. (On constatera que certains pays de l'Europe du Sud comme la Grèce restent très en retrait).

La loi du 8 juillet 1983 en insérant un nouveau chapitre IV dans le Titre III du Code du Service National (articles L. 116-1 à L. 116-8) a libéralisé le système. Tout d'abord, le Code du Service National n'évoque plus que des « motifs de conscience » et non pas des convictions religieuses ou philosophiques. De même il n'est plus précisé que cette opposition doit être en toute circonstance. La commission juridictionnelle disparaît et est remplacée par une procédure d'agrément accordé par le Ministre de la Défense. Un recours devant le Tribunal administratif en premier et dernier ressort suivant la procédure d'urgence est prévu. Il est suspensif. Les délais pour demander le bénéfice du statut sont beaucoup plus larges. Cependant, il doit toujours être demandé avant l'incorporation. Enfin, les affectations qui dans le statut de 1963 étaient auprès de l'ONF (Office National des Forêts) sont beaucoup plus diversifiées puisque désormais les objecteurs de conscience peuvent être affectés soit dans un service civil relevant d'une administration de l'État ou des collectivités locales, soit dans un organisme à vocation sociale ou humanitaire assurant une mission d'intérêt général, agréé dans des conditions fixées par le Conseil d'État. Ce sont près de 2 000 organismes qui ont ainsi été agréés. La durée de ce service civil est de 20 mois, c'est-à-dire le double du service national actif. Le nombre des objecteurs a sans doute augmenté de façon sensible à la suite de la loi de 1983 (ils étaient 7606 en 1993), mais on est loin de pays comme la RFA où le nombre est dix fois plus élevé. Il est vrai que la durée du service a un caractère dissuasif. C'est sans doute l'une des critiques majeures qui est adressée au système aujourd'hui dans la mesure où cette durée supérieure apparaît comme une pénalité.

Cependant, il s'agit d'une question délicate appréhendée différemment selon les États et ne répondant pas, d'ailleurs à tous les opposants au service national. Ainsi les Témoins de Jéhovah refusent aussi bien le service national que le service civil.

La suppression prochaine du service national devrait faire disparaître cette problématique.

4. L'approche de la Cour européenne des droits de l'Homme

La question a été évoquée dans le cadre de la Convention européenne des droits de l'Homme et la position de la Commission est très nuancée (L.E. Pettiti et autres, op. cit. pp. 186-187, Comm. par G. Malinverni). Le service militaire ou civil n'est pas considéré comme un travail forcé ou obligatoire au sens de l'article 4. C'est d'ailleurs ce que précise l'article 4 al. 3b. L'objection de conscience n'est pas une exigence dans la législation d'un État. L'article 4 mentionne, en effet : *« dans les pays où l'objection de conscience est reconnue comme légitime »* (cf. art. 8 § 3 c ii Pacte 1966 *« dans les pays où l'objection de conscience est admise »*) (Comm. Eur. Dr. H. 23 avril 1965 Grandrath c. RFA.) Est-ce contraire à l'article 9 relatif à la liberté de conscience ? Ce n'est pas l'avis de la Commission en raison de l'article 4 al. 3b. Malgré tout, cela ne résout la question que lorsque l'objection de conscience existe.

S'agissant des autres aspects de la liberté de conscience et plus particulièrement de la liberté d'opinion la Cour européenne des droits de l'Homme a pu apporter certaines précisions. Cependant, il faut bien reconnaître qu'il ne s'agit pas d'un article les plus sollicités dans les recours.

La Cour a jugé que l'article 9 est fondamental, nous l'avons souligné plus haut (CEDH 25 mai 1993 Kokkinakis c/ Grèce, B n° 126). Elle interdit tout endoctrinement (CEDH 7 décembre 1976 Kjeldsen et autres c/ Danemark, B n° 140), mais nous rejoignons ici des questions que nous verrons à propos de la liberté d'enseignement. Il n'en reste pas moins que c'est l'idée d'un État neutre qui apparaît.

La Cour et la commission ont pu préciser certains points. Ainsi la Commission a estimé que le vote obligatoire ne viole pas la liberté de conscience car il y a toujours possibilité d'utiliser le bulletin nul

(Comm. Eur. Dr. H. DR 410, pp. 50, 52). De même elle a estimé que la liberté de conscience ne permet pas de refuser l'impôt ou une contribution d'assurance sociale. L'article I du Premier protocole additionnel vient conforter cette idée.

La Cour a eu aussi à se prononcer sur une question qui a soulevé beaucoup de polémiques en RFA, celle des « Berufsverbot », les interdictions professionnelles. Sans doute, la Cour a pris soin de préciser que « les garanties de la Convention s'étendent aux fonctionnaires ». Mais il faut bien constater que le droit à un égal accès à la fonction publique de son pays n'est pas visé par la Convention (CEDH 28 août 1986 Glasenapp c/ Allemagne, B n° 137 ; 28 août 1986 Kosiek c/ Allemagne, série A n° 105) alors que cela figure dans la Déclaration Universelle des Droits de l'Homme (art. 21 § 2) et dans le Pacte de 1966 (art. 25 a). Ce principe avait d'ailleurs été envisagé lors de la discussion du Protocole n° 7 puis retiré.

Pour la Cour, l'obligation de « loyauté » demandée pour accéder à la fonction publique ne constitue pas une atteinte à la liberté d'opinion. La Commission, plus nuancée, n'admet pas le licenciement (30 novembre 1993, Vogt c/ RFA). Dans ce cas, elle a estimé qu'il n'y avait pas de « besoin social impérieux », soulignant qu'il n'y avait pas eu de manquement à l'obligation de réserve dans le comportement de l'intéressé (CEDH, 26 septembre 1995, Vogt c/RFA, AJDA 1996.388 Chr. J.F. Flauss). De même la cour admet l'idée d'obligation de réserve (CEDH 16 décembre 1992 Hadjianastassiou c/ Grèce série A n° 252). Enfin, s'agissant de la liberté d'exprimer des opinions, nous nous trouvons à la lisière de la liberté d'expression, tant il est vrai que l'une et l'autre sont la plupart du temps imbriquées. L'article 10 permet d'y apporter des restrictions. C'est ce que précise le § I de l'article 10. Dans l'affaire Piermont (CEDH 27 avril 1995) à propos de l'expulsion d'une parlementaire européenne de Polynésie Française et de Nouvelle-Calédonie, si la Cour considère que la « mesure (« l'ingérence ») est prévue par la loi », « dans un but légitime » (défense de l'ordre et intégrité du territoire), elle constate qu'elle n'était pas « nécessaire dans une société démocratique ». La Cour reconnaît d'ailleurs que « la liberté de discussion politique ne revêt assurément pas un caractère absolu. » Cependant certaines affirmations sont salutaires. « Un adversaire des idées et des positions officielles doit pouvoir trouver sa place dans l'arène politique. Précieuse pour chacun, la liberté d'expression l'est tout particulièrement pour un élu du peuple. » La Cour a pu affirmer que « la liberté d'expression constitue "l'un des fondements essentiels" d'une société démocratique et l'une des conditions primordiales de son progrès. Elle vaut non seulement pour les « informations » ou « idées » accueillies avec faveur ou considérées comme inoffensives ou indifférentes mais aussi pour celles qui heurtent, choquent ou inquiètent. Ainsi le veut le pluralisme, la tolérance et l'esprit d'ouverture sans lesquels il n'est pas de « société démocratique ».

B – LA LIBERTÉ RELIGIEUSE

La liberté religieuse, quant à son principe, est également une liberté solidement affirmée. Tout comme la liberté d'opinion à laquelle elle se mêle intimement, elle est assise sur l'article 10 de la Déclaration des droits de l'Homme et du Citoyen, avec insistance, (*« même religieuses »*) ainsi que sur le Préambule de 1946 et l'article 1 de la Constitution de 1958. Les textes internationaux, Déclaration Universelle des droits de l'Homme (article 18), le Pacte de 1966 relatif aux droits civils et politiques (article 18) et la Convention européenne des droits de l'Homme (article 9) ont conforté cette reconnaissance. Elle est bien sûr la liberté d'avoir une religion, mais aussi de ne pas en avoir comme l'a souligné la Cour européenne des droits de l'Homme (CEDH 25 mai 1993 Kokkinakis c/ Grèce précité). *« Elle est aussi un bien précieux pour les athées, les agnostiques, les sceptiques ou les indifférents »*. Mais la situation est loin d'être homogène en Europe.

Là encore, la liberté religieuse présente les deux aspects, individuel et collectif, et bien évidemment, l'expression collective de la conviction religieuse entraînera toujours des difficultés plus grandes.

La liberté en la matière peut être fortement influencée par la famille et nous verrons d'ailleurs certains de ces aspects à propos du problème des sectes. Le Code civil dans son article 371-23 confie aux parents (aux titulaires de l'autorité parentale) *« les droits et devoirs de garde, de surveillance et d'éducation »*. Et l'éducation pourra être une éducation religieuse. Il n'y a aucune restriction en France en la matière ce qui n'est pas incompatible avec les textes internationaux. L'article 18 du Pacte des Nations Unies sur les droits civils et politiques et l'article 2 du Premier protocole additionnel à la Convention européenne des droits de l'Homme laissent aux parents la possibilité pour les parents ou tuteurs légaux de donner une éducation religieuse correspondant à leurs convictions. L'article 14 de la convention relative aux droits de l'enfant de 1989 est plus restrictif laissant certes le droit aux parents de guider l'enfant, mais *« d'une manière qui corresponde au développement de ses capacités »*.

Certains États fixent cependant un âge auquel l'enfant peut faire un choix (16 ans en Suisse, en Israël et au Royaume Uni, 10 à 14 ans en RFA).

1. État et liberté religieuse

Si, aujourd'hui, la liberté religieuse nous semble une évidence, il n'en a pas toujours été de même, et ceci, en raison des liens entre l'État et les confessions religieuses. Ceux-ci peuvent s'organiser de façon extrêmement variée. On peut ainsi rencontrer un système de confusion ou fusion entre le pouvoir et la religion, ce qui était la règle dans l'Antiquité. C'est ce que connaissent certains pays musulmans, comme notamment l'Iran et l'Arabie Saoudite, cette fusion pouvant rencontrer des degrés différents dans les autres États. C'était aussi le cas dans le Japon d'avant 1945. Un autre choix peut être fait, qui est celui de relations privilégiées entre une ou plusieurs religions et l'État. Cela peut être le système de la religion d'État que l'on trouve en Angleterre avec la religion anglicane, dans les États nordiques où la religion luthérienne a bien souvent ce statut ou encore dans la France de l'Ancien Régime ou sous la Restauration. Le fait qu'il y ait religion d'État n'entraîne pas obligatoirement exclusivité de celle-ci et l'exemple nordique le démontre assez bien.

La situation peut aussi être celle du confessionnalisme. C'est celle qui prévaut en Israël où la religion judaïque n'a pas statut de religion d'État, mais elle imprègne totalement la vie sociale. Cependant Israël est un État laïque. Enfin, la situation légale peut être celle de la reconnaissance de plusieurs religions, comme ce fut le cas au XIXe siècle en France et comme le connaît aujourd'hui la République fédérale d'Allemagne par exemple. Enfin on peut imaginer un système dans lequel aucun lien n'existe entre les églises et l'État. Cela peut être un régime de séparation avec une certaine reconnaissance comme aux États-Unis. Cela peut être le régime de la séparation-ignorance qui s'incarne avec l'idée de laïcité en France. L'État ne reconnaît aucune religion, n'en aide aucune, mais il n'intervient pas non plus dans leur organisation laissant les différentes convictions religieuses s'exprimer, sous réserve du respect de l'ordre public. La séparation peut encore être animée d'un autre état d'esprit. Elle peut être liée à une volonté de lutte antireligieuse, et dans cette hypothèse la liberté religieuse sera bien évidemment absente, cette lutte pouvant prendre différentes formes allant d'une volonté d'éradication totale comme ce fut le cas dans les régimes de type soviétique et notamment en Albanie où le régime se flattait d'avoir mis en place le premier État athée du monde, à une obligation de composer comme ce fut la situation en Pologne.

2. L'évolution du débat français

Cette question a toujours été une question dominante en France, puisqu'elle sert même de clivage politique – ce que les politistes contesteront – entre la droite et la gauche. Comme a pu l'écrire finement Jean Rivero, *« Laïcité » : le mot sent la poudre ; il éveille des résonances passionnelles contradictoires* » (J. Rivero, La notion juridique de laïcité, D. 1949 Chr. 137).

La France, sur le plan religieux est certainement de moins en moins homogène. Mais les statistiques en la matière sont difficiles à obtenir, et aucune distinction officielle ne peut être faite à cet égard, en raison du principe de laïcité qui préside à notre système. Cependant, un sondage effectué en janvier 1994 pour un certain nombre de journaux (Sondage CSA pour le Monde, la Vie...) distinguait 67 % de catholiques, 2 % de protestants, 1 % d'israélites, 2 % de musulmans, 3 % autres religions, 23 % sans religion et il n'y avait que 2 % de non réponses. Si on prend en considération les origines, on trouve 80 % de catholique, 200 000 musulmans, 800 000 protestants, 650 000 israélites ce qui fait de ces derniers la quatrième communauté du monde. Cependant, là encore, ces statistiques ne donnent que des faits bruts. Elles montrent sans doute une domination marquante des catholiques, mais l'empreinte du catholicisme ou tout au moins du christianisme est encore plus forte, et en dépit du principe de laïcité, il continue à marquer bon nombre de nos événements sociaux.

Sous l'Ancien Régime, l'Eglise catholique était religion d'État. Le Roi nommait les évêques et les archevêques sous réserve de confirmation par le Pape. Les autres religions étaient exclues. Si la France avait connu une certaine paix religieuse avec l'Edit de Nantes, celle-ci qui s'était progressivement dégradée avec la disparition d'Henri IV avait été totalement rompue lors de la révocation de l'Edit de Nantes en 1685. Pourtant, à la veille de la Révolution, il y avait des indices d'acceptation des autres confessions religieuses, même si cela ne remettait pas en cause le statut privilégié de l'Eglise catholique. C'est ainsi qu'avait été promulgué le 29 novembre 1787 l'Edit de tolérance qui permettait aux protestants d'avoir un état civil. De même en 1775, Louis XVI avait accordé à tous les juifs de France les même droits patrimoniaux qu'aux autres français.

La Déclaration des droits de l'Homme et du Citoyen, en précisant *« même religieuses »* montrait bien le caractère novateur de la tolérance religieuse.

La Révolution française, par le décret du 12 juillet/24 août 1790, instaura un statut pour l'Eglise catholique avec la Constitution civile du Clergé dont on sait que l'application conduisit à des drames. Même si ce statut faisait du catholicisme la religion d'État, il fut condamné par Pie VI. Les prêtres jureurs furent déclarés « suspens » tandis que le décret du 18 novembre 1791, auquel le Roi opposa son veto, mettait les prêtres réfractaires hors la loi. La situation des autres confessions s'orientait vers une plus grande égalité. La laïcisation de l'état civil en 1791 sera un signe manifeste. Le décret Duport du 27 septembre 1791 accordait aux juifs les mêmes droits qu'aux autres français. Les cultes mis en place par la Révolution n'eurent guère de durée. On trouve une première esquisse de l'idée de séparation de l'Eglise et de l'État avec la Constitution de l'an III dont l'article 354 proclame à la fois la liberté du culte et la séparation de l'Eglise et de l'État : *« Nul ne peut être empêché d'exercer, en se conformant aux lois, le culte qu'il a choisi. Nul ne peut être forcé de contribuer aux dépenses d'un culte. La République n'en salarie aucun ».* C'était anticiper sur la loi de 1905 ! En fait les relations entre le Directoire et l'Eglise ne seront pas meilleures.

C'est Napoléon, avec à la fois brutalité et efficacité, qui va apporter la paix religieuse pour un siècle à la faveur du Concordat du 17 juillet 1801 (28 messidor an IX) conclu entre le Premier Consul et le Pape Pie VII. L'Eglise catholique n'est plus que la religion de la majorité des Français. Le clergé est rémunéré. La procédure d'appel comme d'abus c'est-à-dire la possibilité de recours auprès des autorités de l'État contre un acte de l'autorité religieuse jugé abusif, donne au Conseil d'État pouvoir de sanction sur les membres du clergé dans certains cas. Enfin, le Premier Consul propose les évêques qui sont institués par le Pape et celui-ci ne peut refuser que pour motifs graves. Mais surtout, le Concordat va être promulgué par la loi du 18 germinal an X (8 avril 1802) qui comporte 77 articles organiques, loi qui ne sera pas reconnue par le Saint Siège. Ce système va régir les relations entre l'Eglise et l'État jusqu'en 1905, et il s'applique encore aujourd'hui en Alsace-Moselle. Si la Restauration fait de l'Eglise catholique la religion d'État, elle n'en maintient pas moins le régime établi avec Napoléon. Avec la Monarchie de Juillet, la religion catholique n'est plus que « celle de la majorité des Français ». Ce régime va conduire à la reconnaissance officielle de quatre cultes : catholique, luthérien, calviniste et israélite, les cultes ayant le caractère de service public. Les articles organiques vont constituer le régime des Eglises luthérienne et réformée, organisées en consistoires locaux. Les trois décrets du 17 mars 1808 vont permettre la création de consistoires locaux pour les israélites ainsi qu'un consistoire national, tout en maintenant certaines dispositions discriminatoires. En 1831 l'assimilation aux autres cultes sera chose faite. Les établissements publics étaient dénommés fabriques ou menses pour l'Eglise catholique, et consistoires pour les protestants et les israélites. Au cours du XIXe siècle quelques évolutions se manifesteront. C'est ainsi que la Charte de 1830 fait perdre (article 5 et 6) à la Religion catholique, apostolique et romaine le statut de religion d'État que lui avait accordé la Charte de 1814 (article 6).

Les relations entre l'Eglise catholique, avant tout, et l'État se détérioreront au début de la IIIe République. Il faut bien voir que l'Eglise n'accepte toujours pas, à cette époque, la liberté de religion (Encyclique Quanta Cura de Pie IX, 8 décembre 1864). Il faudra attendre Jean XXIII et le Concile Vatican II pour que cette reconnaissance soit faite. En 1880, l'enseignement est laïcisé. La même année, l'obligation du repos dominical est supprimée. Les premiers décrets contre les congrégations non autorisées sont pris. En 1881, intervient la laïcisation des hôpitaux, des pompes funèbres, des cimetières. Les crucifix sont enlevés des tribunaux. En 1883 on, dissocie les honneurs militaires des cérémonies religieuses. L'article 97 de la loi du 5 avril 1884 supprime les distinctions religieuses dans les cimetières. En 1884, le divorce est rétabli. La même année, par la révision constitutionnelle du 14 août 1884, sont supprimées les prières publiques lors de la rentrée du Parlement. En juillet 1889, les ministres du culte sont astreints au service militaire. En 1901, la loi sur les associations vient porter de terribles coups aux congrégations religieuses. Si les congrégations déjà autorisées précédemment le restent (il n'y avait que quatre congrégations d'hommes), la Chambre rejette en bloc toutes les demandes nouvelles, à l'exception de celle des Trappistes. En 1904 la loi supprime l'enseignement congrégationniste. La même année le monopole des pompes funèbres est accordé aux communes. La rupture des relations diplomatiques avec le Vatican le 30 juillet 1904 ne fait que porter à son paroxysme le conflit. Enfin, la loi du 9 décembre 1905, (modifiée par les lois du 2 janvier 1907, 28 mars 1907, 13 avril 1908 et 25 décembre 1942) consacre la séparation de l'Eglise et de l'État. Rejetée par le Pape Pie X dans l'encyclique Vehementer nos, son application donnera lieu à de graves incidents à l'occasion des inventaires. Malgré une amnistie générale en juillet 1906, le Pape, un mois plus tard, par l'encyclique Gravissimi officii regrettera les associations cultuelles, réaction qui allait avoir pour conséquence de faire perdre à l'Eglise tout son patrimoine.

3. Le régime actuel

a) Les principes posés en 1905

Le principe de laïcité est proclamé constitutionnellement puisque l'article 1 de la Constitution vient affirmer que *« la France est une République... laïque »*.

La séparation des églises et de l'État est affirmée dans l'article 2 de la loi de 1905. *« La République ne reconnaît, ne salarie, ni ne subventionne aucun culte... Les établissements publics du culte sont supprimés. »* Comme le déclarait Aristide Briand : *« L'État n'est ni religieux, ni antireligieux. Il est areligieux »*. Le Ministère des Cultes est supprimé même s'il subsiste au Ministère de l'Intérieur un service des cultes. Une exception est faite en faveur des aumôneries dont les collectivités territoriales et l'État pourront envisager le financement dans les lycées, collèges, écoles, (cf. CE Ass. 1er avril 1949 Chaveneau ; S 1949 III 49 note Delpech ; D 1949.531 Concl. Gazier, note Rolland ; A. Texier, Les aumôneries de l'enseignement secondaire : incertitude d'une institution, RDP 1984.105) hospices, asiles et prisons. En dehors de cela, toute subvention est prohibée, ce qui rend en principe toute aide impossible pour aider à la construction de lieux de culte. On a vu, par exemple, les difficultés juridiques posées à l'occasion de la construction de la cathédrale d'Evry, première cathédrale construite en France depuis 1905, afin de la doter de vitraux. Si certaines solutions indirectes ont pu être trouvées, ainsi à propos de la construction d'un centre culturel permettant l'installation d'une mosquée (CE 12 février 1988 Association des résidents des quartiers Portugal Italie, JCP 1989 II 21257), il n'en reste pas moins que le principe de la prohibition reste établi (CE 9 octobre 1992, Cne de Saint Louis c/ Assoc. Siva Soupramin de Saint Louis, JCP 1993 II 22068) La rémunération des ministres du culte est supprimée. Les évêques désormais ne relèvent plus que du Pape pour la nomination. En fait, les choses se passent de façon plus souple avec l'accord officieux du Gouvernement (cf. J.L. Harouel, Comment on devient évêque, Pouvoirs, n° 17, 1981, p. 111). Si les églises perdent l'aisance matérielle, elles y trouvent une véritable indépendance. L'État n'intervient plus dans la discipline ecclésiastique (par ex. disparition de l'appel comme d'abus. Il avait été abrogé en Alsace-Moselle par une loi du 30 décembre 1871).

Le système mis en place prévoit des associations cultuelles qui seront refusées par le Vatican. (Encyclique Gravissimi officii du 10 août 1906). En revanche, les protestants et les israélites les acceptent. Afin de trouver une solution à cette situation, la loi du

2 janvier 1907 prononcera la confiscation des biens de l'Eglise. Celle-ci y perdra l'essentiel de son patrimoine immobilier, notamment les immeubles abritant les évêchés ou les presbytères. Ces associations cultuelles peuvent recevoir des dons et legs. Les athées ne peuvent former d'associations cultuelles (CE 17 juin 1988 Union des Athées, Rec. 247 et CE, S, 3 juin 1988 Mme Barsacq-Adde, Rec. 227 ; AJDA 1988.582 et 612 Chr. M. Azibert et de Boisdeffre). Pour la Commission européenne des droits de l'Homme il y a une discrimination au sens de l'article 14 (cf. Comm. Eur. Dr. H. 6 juillet 1994 Union des Athées contre France).

Les édifices du culte construits avant la loi de 1907 font partie du domaine public des communes, (CE 10 juin 1921, Commune de Monségur GAJA n° 41 ; GDJDA p. 411) les cathédrales appartenant à celui de l'État. Ils sont laissés à « la disposition des fidèles et des ministres du culte pour la pratique de leur religion » Les objets mobiliers sont à la disposition des usagers. En revanche, les lieux de culte construits après 1905 sont la propriété des associations cultuelles ou diocésaines (ou bien sociétés civiles ou bien particuliers).

b) « L'actualisation »

La Première guerre mondiale, marquée par l'union sacrée face à l'ennemi va conduire à des solutions plus souples. Dès le 2 août 1914, le télégramme Malvy suspendait les mesures prises contre les congrégations. Les hommes politiques ne sont plus des hommes de combat pas plus que les papes ne sont des papes de combat. La nouvelle majorité issue de la chambre bleu horizon va reprendre en 1921 les relations avec le Vatican. Après la première guerre mondiale seront mises en place des associations diocésaines dont l'évêque est président de droit. Elles sont approuvées par Pie XI dans l'encyclique Maxima Gravissamque. La loi de finances du 29 avril 1926 leur confiera les biens des ex-fabriques encore non affectés. En effet elles seront assimilées aux associations cultuelle de 1905. Les velléités anticléricales du Cartel de gauche seront de faible durée, les difficultés économiques prenant le pas sur les préoccupations laïques.

Actuellement on constate trois catégories d'association : les associations cultuelles concernant les cultes protestants, israélites, musulmans (sur la difficulté de reconnaissance CE 21 janvier 1983 Association Fraternité des Serviteurs du Monde nouveau Dr. Adm. mars 1983 n° 106 ; CE juin 1986 Association cultuelle « 3° Eglise du Christ scientiste », GP 1986 II Somm. 463 ; CE, Ass., 1er décembre 1985, Association chrétienne Les Témoins de Jéhovah de France,

RDP 1983.483 Concl. Melon ; CE 14 octobre 1985 Association de l'étude de la nouvelle foi, Rec. 284 ; CE 29 octobre 1990 Association cultuelle de l'Eglise apostolique arménienne de Paris, Rec. 297 ; CE 17 juin 1988 Union des Athées D 1988 IR 197 ; CE 13 janvier 1993 Ministre du Budget c/ Congrégation chrétienne des Témoins de Jéhovah Rec. 10 ; CAA Paris 5 avril 1994 Association Eglise de Scientologie de Paris) ; les associations diocésaines intéressant les catholiques et enfin les associations quasi cultuelles, inexistantes en fait et prévues par la loi de 1907 (article 4). La loi envisage aussi le régime juridique des réunions publiques.

En revanche, l'Alsace-Moselle constitue un cas particulier. Lors du retour de l'Alsace-Lorraine en 1919, on maintint le Concordat et l'échec de la tentative du Cartel des gauches conduisit au maintien de ce régime (cf. Avis du 24 janvier 1925). On sait que cette région est soumise dans de nombreux domaines à un droit local. Il en est ainsi en ce qui concerne le régime des cultes. L'Eglise catholique est toujours soumise au régime du Concordat de 1801. La paroisse est administrée par un conseil de fabrique avec un prêtre dont la nomination relève de l'évêque. Le Pape donne l'institution catholique. Les ministres du cultes sont rémunérés. De leur côté les protestants, qui constituent une communauté importante, restent soumis au régime napoléonien des articles organiques. Enfin, les israélites relèvent du statut de 1844. La situation dans les départements et territoires d'outre-mer comporte aussi des particularités.

Pour le reste, les églises s'organisent comme elles l'entendent (CE 8 février 1908 Abbé Deliard Rec. 127, concl. Chardenet ; Cas. 6 février 1912 S 1912 I 137 ; CE 16 février 1923 Assoc. presbytérale de l'Eglise réformée de l'Annonciation Rec. 155, concl. Rivet ; 25 juin 1943 Eglise réformée évangélique de Marseille Rec. 166). L'absence de structures peut être une difficulté pour les pouvoirs publics. C'est le cas des musulmans. Un conseil de réflexion sur l'islam en France constitué le 6 novembre 1989 essaie de résoudre la difficulté.

Les congrégations sont soumises à un régime particulier qui est celui issu de la loi du 1er juillet 1901. Elles devaient être autorisées par une loi et la formation de congrégations non autorisées constituait le délit de congrégation. La « loi » du 8 avril 1942 leur a fait perdre leur caractère d'illicéité. Tout nouvel établissement nécessite un décret en Conseil d'État. Ce problème peut apparaître aujourd'hui quelque peu archaïque. Cependant, le Journal officiel nous apprend assez régulièrement la reconnaissance de congrégations, celles-ci n'étant pas d'ailleurs obligatoirement le fait de l'Eglise catholique mais pouvant intéresser d'autre confessions comme le bouddhisme. On compte actuellement environ 200 congrégations masculines.

Le régime du culte obéit aussi au principe de liberté. La police de l'assemblée est assurée par le ministre du culte. Ceci a été bien précisé par le Conseil d'État (CE 24 mai 1938, Abbé Touron Rec. 462), mais cela n'exclut pas le pouvoir de police des maires, car même si les services religieux restent dispensés des formalités prévues par la loi du 30 juin 1881 sur les réunions (pas de bureau, pas de déclaration préalable, loi du 28 mars 1907 sur la liberté de réunion) ils restent placées sous la surveillance des autorités dans l'intérêt de l'ordre public (art. 25 loi 1905). Le lieu de culte doit être un lieu de sérénité. C'est ce qui explique notamment que la loi de 1905 interdit d'y tenir des réunions politiques. Les perturbateurs seront sanctionnés (art. 32), mais les ministres du culte peuvent aussi être sanctionnés. Cela sera le cas lorsqu'ils auront outragé ou diffamé un citoyen chargé d'un service public ou bien lorsqu'ils auront provoqué directement à résister à l'exécution des lois ou des actes légaux de l'autorité publique, ou lorsqu'ils auront tendu à soulever ou à armer une partie des citoyens contre les autres. Derrière ces incriminations on devine aisément le climat qui a entouré l'adoption de la loi de 1905. Le culte est assuré par le desservant légal. Des difficultés pourront surgir lorsqu'à l'intérieur d'une même église il y a des divergences. L'affaire de l'église Saint Nicolas du Chardonnet l'a bien montré (Civ. 27 octobre 1978 Abbé Coache c/ Bellezo, Bull. n° 308, cf. aussi TA Nantes 2 juin 1977 Association Saint Pie V de l'Ouest, AJDA 1977.632 note F. Moderne).

c) *Les liens de fait*

Est-ce à dire que la laïcité signifie une absence totale de reconnaissance des phénomènes religieux ? En principe oui. Ainsi le Conseil d'État, dans une période difficile, a-t-il eu le courage de sanctionner un arrêté préfectoral imposant aux clients d'indiquer leur religion sur les fiches d'hôtel (CE, Ass. 9 juillet 1943 Ferrand, Rec. 176). Pourtant notre droit n'ignore pas totalement les questions religieuses. C'est ainsi que l'article 199 du Code pénal repris dans l'article 433-21 du nouveau code pénal dispose que *« tout ministre d'un culte qui procédera, de manière habituelle, aux cérémonies religieuses de mariage sans que ne lui ait été justifié l'acte de mariage préalablement reçu par les officiers de l'état civil »* sera puni de six mois d'emprisonnement et de 50 000 F d'amende, même en cas de mariage in extremis. La logique d'un régime de séparation totale, n'accordant aucune valeur au mariage religieux, serait de l'ignorer totalement, seul le mariage civil étant susceptible d'avoir des effets.

On peut s'interroger sur le secret de la confession considéré comme secret professionnel. Cependant il y a malgré tout une certaine cohérence par le fait que l'on ne distinguera pas entre le fait que les révélations faites à un prêtre l'aient été à l'occasion d'une confession ou en dehors de ce sacrement (Crim. 4 décembre 1891, DP 1892 I 139). On peut évoquer aussi l'article 909 du Code civil pour les testaments et le décret du 4 thermidor an XII pour la levée de corps sans autorisation d'une personne décédée. Il faut ajouter que la loi de 1905 prévoit des infractions spécifiques frappant les ministres du culte (art. 30, 34 et 35).

La loi du 17 janvier 1948 sur l'assurance vieillesse des non salariés évoque les « ministres du culte » tandis que la loi du 1er janvier 1978 sur la généralisation de la Sécurité sociale s'applique aux prêtres, religieux et religieuses.

Enfin, la loi du 23 juillet 1987 sur le mécénat (cf. AJDA 1988.257) en permettant les déductions fiscales à propos des dons faits à des associations cultuelles vient contredire l'article 2 de la loi de 1905.

On prend aussi en compte certaines habitudes religieuses, en matière alimentaire (CE 27 mars 1936, Association israélite de Valenciennes, Rec. 583).(cf. CE 25 novembre 1994 Association cultuelle israélite Cha'are Shalom Ve-Tsedek, AJDA 1995.476 note Ph. J. Quillien (2 arrêts) qui reconnaît l'abattage rituel [art. 9 et 10 D. 1er octobre 1980]). *« L'abattage rituel ne peut être effectué que par des sacrificateurs habilités par les organismes religieux agréés, sur proposition du Ministre de l'Intérieur par le Ministre de l'agriculture »*. L'Association n'est pas un « organisme religieux » car elle « n'organise pas de célébration et ne dispense aucun enseignement ». (Cf. aussi CE 20 décembre 1985 Communauté israélite orthodoxe de Paris, Req. 51507 qui conduit au monopole de l'Association consistoriale israélite de Paris).

Les rites ou obligations des différentes confessions se concilient mal avec les exigences d'une vie sociale façonnée par le christianisme et plus particulièrement le catholicisme, mais aussi avec l'évolution du monde moderne. Ainsi, en ce qui concerne les examens qui peuvent avoir lieu le samedi alors que les israélites ou les adventistes se voient interdire toute activité ce jour-là. Nous examinerons cette question à propos de l'enseignement. En outre parfois se posent des problèmes d'ordre public, ainsi avec les Témoins de Jéhovah qui refusent tout service national même civil ou bien refusent les vaccinations ou la transfusion sanguine.

Les pouvoirs publics reconnaissent bien souvent les religions en fait (La mission envoyée en Nouvelle Calédonie en 1988 comprenait 6 membres dont trois représentants de l'Eglise catholique, de la Fédération protestante de France et du Grand Orient de France). Mais l'ignorance persiste dans certains cas, ainsi en matière de Protocole et le décret du 13 septembre 1989 relatif aux cérémonies, préséances, honneurs civils et militaires, qui est venu remanier cette question ignore toujours les autorités religieuses.

4. Problèmes récents

a) Sectes

(J. Guyard, Les sectes en France, JO Doc. AN 1996 n° 2468 ; CE 14 mai 1982 Association internationale pour la conscience de Krishna, D. 1982.516, note Debouy et P. Boinot ; P. Boinot, Sectes religieuses et droit pénal, RSC 1983.409 ; J.B. D'Onorio, Les sectes en droit public français, JCP 1988 I 3336).

Est-ce bien un problème récent ? Sans doute pas, mais on peut parler de renouveau. De plus les médias en accentuent l'impact (Affaires de Guyana, de la secte Waco, du Temple solaire, de la Secte Aoum...). Elles posent de nombreux problèmes car elles peuvent se rendre coupables de multiples infractions (fraude fiscale, escroqueries, abus sexuels, violences, exercice illégal de la médecine, infractions au droit du travail, séquestration de personnes, détournement de mineurs, outrage aux bonnes mœurs). Le rapport Guyard en dénombre 172 regroupant 160 000 membres et 100 000 sympathisants. Il est difficile de lutter contre elles. L'article 3 de la loi sur les associations, la loi du 10 juillet 1936 sur les groupes de combat et milices privées sont d'un maniement difficile. Les sectes sont souvent dans une situation plus favorable avec les articles 1er à 9 de la loi de 1901 qu'avec les articles 15 et s. de la même loi ou la loi de 1905.

La difficulté est très certainement de cerner ce que l'on entend par secte. Aucune définition juridique ne semble possible. (Nîmes 10 juin 1967 D 1969.366 note J. Carbonnier ; CE 14 mai 1981 Association internationale pour la conscience de Krishna préc.). Comme l'écrit J. Robert, *« une religion est une secte qui a réussi »*. La distinction entre « sectes-escroquerie » et « sectes-sorcellerie » évoquée par le Doyen Carbonnier n'est guère opérationnelle. Le Conseil d'État a pourtant été amené à se prononcer en cas de refus de reconnaissance de statut d'association cultuelle (CE 6 juin 1986 3° Eglise du Christ scientiste, Rec. ; D. 1986 IR 290) (cf. aussi CE 17 juin 1988 Union des Athées, AJDA 1988.612 Chr. Azibert et de Boisdeffre ; CE 1er février 1985 Association Témoins de Jéhovah, Rec. 22 ; AJDA 1985.232 note L. Richer, RDP 1985.482 Concl. Delon).

Le rapport déposé par le député socialiste Alain Vivien proposait la création d'un organisme médiateur tentant de maintenir un contact entre la famille et le membre de la secte, et la nomination de juge des tutelles, même pour les majeurs, si la famille l'exigeait.

Une nouvelle commission d'enquête a été créée par le Parlement en juillet 1995. Son rapport rendu public le 10 janvier 1996 refuse à leur égard aussi bien la répression que le libéralisme préférant une application plus rigoureuse des textes susceptibles de les atteindre, une législation spécifique risquant de mettre en péril certaines libertés comme la liberté de religion bien sûr, mais aussi la liberté de réunion ou la liberté d'association. Une mise en œuvre sans faille du droit pénal ou du droit fiscal doit être efficace. L'attitude à l'égard des sectes est faite de méfiance ou suspicion, notamment à l'égard de certaines d'entre elles, ainsi les Témoins de Jéhovah dont l'opposition à la transfusion sanguine – argument officiel – mais aussi peut-être à toute forme d'intégration(refus du service national, de la participation aux élections) conduit à une marginalisation juridique (cf. CE, Ass. 1er février 1985 Delon, RDP 1985.483 note Robert). Cependant le Conseil d'État a pu, récemment, considérer que leurs réunions avaient le caractère de manifestations cultuelles (CE 13 janvier 1993 Min. du Budget c/ Congrégation chrétienne des Témoins de Jéhovah du Puy, Petites Affiches 7 mai 1993, p. 14 s. note I. Rouvière-Perrier ; Rec. 10).

b) Manifestions extérieures

Mais c'est le problème des manifestations extérieures de l'islam devenu la deuxième religion française qui a suscité des polémiques. L'islam ne connaît pas de hiérarchie religieuse ce qui rend difficile l'existence d'un interlocuteur pour les pouvoirs publics. Pourtant le 18 mars 1989, à l'initiative de M. Joxe a été créé un conseil de réflexion sur l'islam en France (CORIF) afin de favoriser un « islam tricolore ».

On pouvait penser que la question des manifestations extérieures des opinions religieuses relevait de l'archaïsme. Il en est sans doute ainsi en ce qui concerne la question des processions, des sonneries de cloches, des enterrements ou du port du viatique. Le régime des processions s'inspire de celui des manifestations et cortèges et la loi de 1905, à cet effet, renvoie à la loi du 5 avril 1884 (art. L. 122-28 (abrogé) et L. 131-2 du Code des Communes). Le régime a été fixé par le Conseil d'État dans les arrêts Olivier (19 février 1909 GAJA n° 22) et Abbé Didier (1er mai 1914). Cette jurisprudence a été reprise par le décret-loi du 23 octobre 1935. La distinction est faite entre les manifestations traditionnelles pour lesquelles aucune déclaration préalable n'est nécessaire et l'interdiction ne peut être prononcée qu'en cas de menace grave à l'ordre public, et les manifestations non traditionnelles pour lesquelles une déclaration préalable est nécessaire et où l'interdiction sera beaucoup plus facile. En ce qui concerne les sonneries de cloches, celles-ci sont réglementées par le maire, et en cas de désaccord par le préfet. La jurisprudence s'est toujours montrée très libérale en la matière. Des sonneries de cloches sont également prévues pour les fêtes nationales ou à l'occasion du passage du Président de la République.

Mais la question posée par l'islam ne se situe pas sous cet aspect. Il s'agit du port pour les jeunes filles du hidjab, improprement appelé foulard islamique, le problème se posant essentiellement en raison de son port à l'intérieur des établissements scolaires. Cette question a revêtu une brusque acuité à l'occasion d'incidents survenus au collège de Creil (Oise) lorsque trois jeunes filles portant le hidjab se virent interdire l'accès aux salles de cours par le principal. Le retentissement de l'événement fut tel que le Ministre de l'Education nationale décida de consulter le Conseil d'État.

Le problème n'avait guère soulevé de difficulté jusqu'alors et dans les années 30 on s'était beaucoup plus intéressé au port d'insignes politiques plutôt qu'à celui de signes extérieurs religieux. Mais cet émoi est peut-être le fait que « la République laïque » n'est guère assurée sur son laïcisme, qu'elle ne peut ignorer le contexte religieux de sa naissance ni les défis futurs de religions qui ne la reconnaissent pas dans sa dimension laïque.

L'avis rendu par le Conseil d'État le 27 novembre 1989 dispose que *« le port par les élèves de signes par lesquels ils entendent manifester leur appartenance à une religion, n'est pas, par lui-même incompatible avec le principe de laïcité »*. Cette précision était nécessaire car il eut fallu exclure les élèves chrétiens portant la croix et les élèves israélites portant l'étoile de David. Mais, poursuit la Haute Assemblée *« cela ne saurait permettre aux élèves d'arborer des signes d'appartenance religieuse qui par leur nature, par les conditions dans lesquelles ils seraient portés individuellement ou collectivement, ou par leur caractère ostentatoire ou revendicatif constitueraient un acte de pression, de provocation, de prosélytisme ou de propagande, porteraient atteinte à la dignité ou à la liberté de l'élève ou d'autres membres de la communauté éducative, compromettraient leur santé ou leur sécurité, permettraient le déroulement des activités d'enseignement »* cet avis fut repris peu après dans une circulaire du Ministre de l'Education Nationale en date du 12 décembre 1989. (cf. Avis du Conseil d'État du 27 novembre 1989, RFDA 1990.1 ; RFSP 1991.28 Chr. J. William ; Rev. Adm. 1990.32 Chr. J. Minot ; Circulaire du 12 décembre 1989 RFDA 1990.10 Chr. Durand-Prinborgne ; CE 2 novembre 1992 Kherouaa, RDP 1993 220 note P. Sabourin ; Petites Affiches 24 mai 1993 note G. Lebreton ; JCP 1993 I 21998 note P. Tedeschi (Le Conseil d'État annule en raison de la généralité des termes, le règlement intérieur du Collège de Montfermeil qui disposait que « le port de tout signe distinctif, vestimentaire ou autre, d'ordre religieux, politique ou philosophique est strictement interdit ») ; Circulaire Bayrou du 20 septembre 1994). Dans l'arrêt Yilmaz (CE 14 mars 1994 Yilmaz RDP 1995.221 note de Lajartre ; Petites Affiches 1995 n° 26 p. 23 note Flauss) le Conseil d'État affirme que « Le principe de laïcité de l'enseignement public impose que l'enseignement soit dispensé dans le respect, d'une part de cette neutralité par les programmes et par les enseignants et, d'autre part de la liberté de conscience des élèves ». Cela interdit toute discrimination religieuse. En conséquence, les élèves ont le droit « d'exprimer et de manifester leurs croyances religieuses à l'intérieur des établissements scolaires, dans le respect du pluralisme et de la liberté d'autrui et sans qu'il soit porté atteinte aux activités d'enseignement, au contenu des programmes et à l'obligation d'assiduité ». Il en résulte que le port par des élèves de signes par lesquels ils entendent manifester leur appartenance à une religion n'est pas incompatible avec le principe de laïcité mais il ne faut pas qu'il constitue un acte de pression, de provocation, de prosélytisme ou de propagande. On interdit un règlement trop général. Les circonstances particulières ne justifiaient pas en l'espère ces mesures et le Conseil d'État annule le règlement (cf. aussi CE 10 mars 1995, M. et Mme Aoukili, AJDA 1995.332, concl. Y. Aguila ; CE 9-10 juillet 1995, Min. Ed. Nat. c/Saglamer, AJDA 1995.644 concl. R. Schwartz).

5. Liberté religieuse et convention européenne des droits de l'Homme

La Commission et la Cour européenne des droits de l'Homme ont été amenées à préciser la liberté religieuse. (cf. R. Goy, la garantie européenne de la liberté de religion, RDP 1991.53). Dans l'affaire Kokkinatis c/ Grèce (25 mai 1993, B n° 126) elle a reconnu l'ambivalence de la liberté religieuse, à la fois conviction personnelle et liberté de manifester sa religion.

La liberté religieuse c'est la liberté de ne pas être impliqué contre son gré dans des activités religieuses si on ne le veut pas. Ainsi la Commission (Darby c/ Suède, R 11581/85, 9 mai 1989) a-t-elle pu estimer dans l'affaire Darby que le paiement de taxes aux Eglises constituait une violation de la convention pour ceux qui n'en étaient pas membres. Mais le droit de ne pas payer la taxe sans quitter l'Eglise n'est pas garanti. (La Cour en se fondant sur un autre terrain n'a pas eu à trancher la question, CEDH 23 octobre 1990 Darby c/ Suède, série A n° 187).

La liberté religieuse ne doit pas jouer contre l'Eglise elle-même. Celle-ci est libre de s'organiser comme elle l'entend. En effet cette liberté existe dès lors que l'Eglise n'empêche pas ses membres de la quitter (à propos d'une plainte conte l'Eglise d'État du Danemark formulée par un pasteur qui contestait les règles du baptême).

La liberté de religion, c'est aussi la liberté de changer de religion. On sait qu'il s'agit d'un point particulièrement épineux dans les organisations internationales avec les musulmans à propos des conventions internationales insistant sur ce droit. Ce principe a obligé la Suède à modifier sa législation qui ne permettait pas de quitter l'Eglise luthérienne sans être membre d'une autre église chrétienne.

La liberté religieuse doit aussi être une liberté réelle. C'est ainsi que la Commission a estimé que l'État devait subvenir aux besoins religieux des personnes, notamment dans le respect des impératifs alimentaires, sous réserve que cela ne soit pas excessif.

La liberté religieuse implique également qu'il y ait traitement égal des confessions. Ainsi à propos d'une affaire dans laquelle le droit de garde avait été refusé à une mère parce qu'elle était Témoin de Jéhovah, l'argument retenu par la cour suprême autrichienne ayant été l'attitude des témoins de Jéhovah à l'égard des transfusions sanguines, la Cour (23 juin 1993 Hoffmannn c/ Autriche, B n° 103, Les petites Affiches, 1993 n° 138 p. 20 note I. Rouvière-Perrier) a estimé qu'il y avait discrimination dans la mesure où les Témoins de Jéhovah étaient légaux. La jurisprudence française à cet égard pourrait conduire à la condamnation de la France à Strasbourg.

Enfin s'agissant des signes extérieurs, l'article 9 § 2 a pu trouver application. Sans doute la liberté religieuse, est-elle la possibilité de manifester ses convictions par le culte et les pratiques (Com. DR 5 mai 1979 Church of Scientology c/ Suède). La Cour a estimé cependant qu'il était sans doute possible de limiter le droit de manifester sa religion ou ses convictions. « Là où plusieurs religions coexistent au sein d'une même population, il peut se révéler nécessaire d'assortir cette liberté de limitations propres à concilier les intérêts des divers groupes et d'assurer le respect des convictions de chacun » (Kokkinakis) Ainsi la Commission (Commission, DR 12 juillet 1978 X c/ Royaume Uni) a admis l'obligation de porter un casque pour les motocyclistes ce que refusaient les sikhs. Depuis la loi britannique a permis une exception en leur faveur. La commission a admis que les processions soient interdites sur la base de l'article 9 § 2 sans que les tribunaux aient la possibilité de contrôler la nécessité, ce qui apparaît abusif. Enfin, l'État peut réprimer le prosélytisme abusif (Kokkinakis – Témoins de Jéhovah), mais où est la frontière (ce qu'a bien vu le juge Martens) ? La liberté religieuse comporte en principe le droit d'essayer de convaincre son prochain par exemple au moyen d'un « enseignement » (Kokkinakis).

II La liberté d'expression

La liberté d'expression a pu pendant longtemps se concrétiser par le support de la presse. Celle-ci a été pendant plusieurs siècles le moyen essentiel de la diffusion de l'expression de la pensée. Cela peut expliquer le statut privilégié qui a été et reste encore le sien. Le XXe siècle a bouleversé cette situation avec l'apparition et le développement de nouveaux supports aux possibilités d'expansion impossibles à déterminer.

Le terme de presse est multiforme, même si a priori il est lié à une technique. Le régime de la presse a pu inspirer d'autres modes d'expression même s'il n'a pu y avoir transposition pure et simple comme en matière d'audiovisuel. La presse est en fait très ancienne. Elle est née en Chine avec l'invention du papier. Cependant elle connaîtra un développement potentiel à partir de l'invention de la typographie mise au point par le Mayençais Hans Genfleisch dit Gutenberg.

Le recul mondial de la langue française a conduit à remettre en cause un des aspects de la liberté celui de la liberté de la langue d'expression. Le problème de la langue dans laquelle il est possible de s'exprimer a pris une grande ampleur. Il présente un double aspect en France. Celle-ci manifeste une méfiance à l'égard des langues minoritaires dans un pays qui refuse de reconnaître toute minorité. Le Conseil constitutionnel évoque la question dans sa décision sur la Corse (CC 91.290 DC 9 mai 1991, Statut de la Corse, GDCC n° 44). Mais en même temps se manifeste une volonté de protéger notre langue et d'en faciliter le rayonnement mondial. La France s'est dotée d'une législation un peu illusoire pour protéger sa langue ainsi qu'en témoignent la loi du 31 décembre 1975 dite Loi

Pierre Bas, peu ou mal appliquée, la révision constitutionnelle de 1992 par laquelle l'article 2 de la Constitution affirme que *« la langue de la République est le français »*, et la loi Toubon du 4 août 1994. Si la loi Toubon vise les pouvoirs publics, elle s'intéresse aussi aux personnes privées. Le Conseil constitutionnel (CC 94.345 DC 29 juillet 1994, RDP 1994 1666 Chr. J.P. Camby ; AJDA 1994. 721 note Wachsmann ; RDP 1995.100 Chr. D. Rousseau) donne une extension à la liberté de communication : *« le droit pour chacun de choisir les termes jugés par lui les mieux appropriés à l'expression de sa pensée »*. Il a censuré l'article 7 de la loi, sur l'aide publique aux travaux d'enseignement et de recherche liée à des publications en langue française. Pour la première fois, le Conseil constitutionnel s'appuie sur l'article 11 de la Déclaration de 1789 (il aurait pu s'appuyer sur le principe de l'indépendance des enseignants-chercheurs. Mais l'article 11 permet d'aller plus loin). Cependant le Conseil reconnaît la possibilité d'imposer la langue française aux personnes morales de droit public ainsi qu'aux personnes de droit privé dans l'exercice d'une mission de service public. Cependant cela n'est pas possible pour les organes de radiotélévision, publics ou privés.

A – LA LIBERTÉ DE LA PRESSE

1. Une liberté mythique

La liberté de la presse a sans doute pu être considérée comme une liberté individuelle, en raison de l'avancement des moyens techniques. Aujourd'hui, il n'en est rien et elle devient de plus en plus une liberté collective. Ou plutôt, conviendrait-il d'établir une autre distinction. En fait, aujourd'hui, même si l'une et l'autre ne sont pas toujours aisément dissociables, la liberté de la presse apparaît à la fois comme une liberté d'expression, ce qui correspondra assez bien à l'analyse classique et d'autre part, et ce sont les éléments nouveaux, comme une liberté économique. La conséquence est que les limitations pourront être beaucoup plus grandes, la liberté devant prendre en considération le lecteur et devant obéir à certains objectifs à valeur constitutionnelle. La liberté de la presse n'en reste pas moins une liberté majeure et le Conseil constitutionnel a pu affirmer (CC 84.181 DC10-11 octobre 1984, Entreprise de presse, GDCC n° 36) qu'elle est une *« liberté fondamentale d'autant plus précieuse que son exercice est l'une des garanties essentielles du respect des autres droits et libertés et de la souveraineté nationale »*. Ce caractère fondamental avait pu être souligné dès la Déclaration des droits de l'Homme et du Citoyen puisque la libre communication des pensées et des opinions avait été qualifiée de *« l'un des droits les plus précieux de l'Homme »*. Mais en retenant une telle formulation, la Déclaration ne s'intéressait qu'à l'un des aspects de cette liberté. Or celle-ci a été bouleversée par les évolutions technologiques.

a) Grandeur et déclin d'une liberté

Les médias, dès l'origine, ont été à la fois redoutés et recherchés. Sans doute les esprits libres ont-ils eu quelques soucis avec le Pouvoir. Dès 1662, la Grande-Bretagne connaît un système d'autorisation préalable. La censure a pu s'exercer à leur encontre, et dans le meilleur des cas ils pouvaient trouver refuge dans l'exil, quand ils ne cherchaient pas à publier à l'étranger sous un pseudonyme. Mais également, le Pouvoir a vu tout le parti qu'il pouvait tirer des médias. La Gazette de Théophraste Renaudot, ancêtre de nos journaux née le 30 mai 1621 – même si elle n'est pas vraiment le premier – a vu sa création encouragée par Richelieu, parce qu'elle servait les intérêts du Cardinal, pouvant devenir un moyen de propagande. En fait, la presse s'adressait à une élite. La lecture n'était pas possible pour tous. En outre le coût était très élevé. La presse prendra un grand développement à la Révolution. Elle est considérée alors comme moyen d'éducation, de formation. A cette époque et jusqu'au début du XXe siècle les principaux leaders sont en même temps journalistes. Ils veulent avoir leur journal.

La presse révolutionnaire était essentiellement une presse d'opinion. Le foisonnement des « feuilles », car il s'agissait la plupart du temps de simples feuilles, a été la marque de cette époque. Dès 1791 les tendances restrictives apparaissent. La liberté de la presse sera suspendue, les journalistes monteront sur l'échafaud. La censure sera rétablie en 1797 par le Directoire. Et pourtant la presse sera toujours très active. Sa réduction drastique a été la marque du système qui a suivi. Un arrêté du 17 décembre 1800 réduisait à 13 le nombre de journaux parisiens. Le Moniteur Universel devenait organe officiel et l'on sait que Napoléon ne répugnait pas à prendre lui-même la plume. En 1810, il était décidé qu'il n'y aurait qu'un seul quotidien par département. En 1811 la propriété des journaux passe à l'État. Il est vrai que la Constitution de l'an VIII se gardait bien de proclamer la liberté de la presse.

Mais le XIXe siècle va être marqué par un certain nombre d'évolutions, si ce n 'est de révolutions sur le plan technique, (rotatives, linotypes) en même temps que par une approche plus moderne, plus économique qu'auront certains créateurs de journaux : publicité (on évoque le rôle d'Emile de Girardin. Il permet l'abonnement à 40 F contre... 80 chez les autres. En fait la publicité était déjà dans la « Gazette » de Renaudot), prix du journal.

On voit aussi une évolution des techniques juridiques destinées à limiter la liberté de la presse : saisies, censure qui peuvent apparaître comme assez classiques, mais aussi autorisation préalable (elle existera à la Libération, jusqu'en 1947) déclaration préalable, cautionnement, (Il disparaît en 1881. C'est son instauration en 1850 qui inspira le fameux « silence aux pauvres » – Il faut de l'or, beaucoup d'or, pour jouir du droit de parler. Nous ne sommes pas riches. Silence aux pauvres – de Lamennais), licence de publication, subventions, avertissements, suspension (« la censure qui s'exerce le lendemain », Thiers), suppression, délits divers.

En ce qui concerne le régime juridique le XIXe siècle va être une lente conquête d'une vraie liberté de la presse dont l'apothéose sera la magnifique loi du 29 juillet 1881. La Restauration qui a affirmé la liberté dans l'article 8 de la Charte, conséquence de la promesse faite dans la Déclaration de Saint Ouen est marquée par un grand nombre de lois restrictives. Certes on connaîtra parfois quelques éclaircies libérales comme la loi De Serre du 9 juin 1819 qui instaure le jury pour les délits de presse. Et c'est à cause de la liberté de la presse ou de son irrespect que le régime va chuter. On sait que ce sont quatre ordonnances dont une sur la presse qui vont mener aux Trois Glorieuses, la Révolution de juillet 1830 et la Charte de 1830 témoigne de ces circonstances puisque l'article 7 dispose que *« les Français ont le droit de publier et de faire imprimer leurs opinions en se conformant aux lois »*. Elle ajoute cette précision révélatrice : *« La censure ne pourra jamais être rétablie »*. Le jury réapparaît. Cela n'empêchera pas la Monarchie de juillet de porter atteinte, sans doute dans des dimensions moins grandes, à la liberté de la presse. La IIe République part aussi sur de bonnes intentions en proclamant une liberté quasi illimitée. On réaffirme aussi que *« la presse ne peut, en aucun cas, être soumise à la censure »*. Mais là encore, on reviendra vite sur ces espoirs. Ce régime instaurera le cautionnement. Ne parlons pas du Second Empire qui sera une période difficile pour la presse avec le système de l'avertissement(le premier n'avait pas d'effet. Le deuxième entraînait la suspension. Le troisième conduisait à l'interdiction. Cela menait à une autocensure des journaux). Sans doute, dans ce domaine l'évolution sera parallèle à l'évolution politique. L'Empire se libéralisera et le régime de la presse également. Ainsi, la loi du 11 mai 1868 supprime l'autorisation préalable et le système des avertissements.

Une des premières grandes lois de la « République républicaine », sera celle du 29 juillet 1881. Elle constitue un véritable code de la presse, remettant en ordre 42 textes et 325 articles. Mise en chantier dès 1878 elle dote la France du régime le plus libéral du monde. Régime de liberté, elle est symbolisée par l'institution du jury. Mais elle était peut être trop libérale pour les gouvernants et très vite elle va être grignotée. De plus, lacune grave, elle ignore l'entreprise. La promulgation de cette loi correspond à un essor sans précédent de la presse. En 1900 le Petit Journal dépasse 1 000 000 d'exemplaires. La presse se développe également en province. On enregistre un taux de 244 exemplaires pour 1 000 habitants au début du siècle. C'est plus qu'aujourd'hui. Dès 1882 les premières restrictions apparaissent, par exemple en retranchant l'outrage aux bonnes mœurs de la protection de la loi de 1881. Mais c'est lors de moments où la IIIe République va particulièrement craindre pour son existence que la liberté de la presse va se trouver en péril par l'instauration de dispositions qui ne disparaîtront pas, une fois le péril passé. Dans les années 1893-1894, les menées anarchistes vont conduire à ce que l'on a appelé les « lois scélérates », et parmi elles, certaines visent la liberté de la presse, par exemple en facilitant les saisies judiciaires. Ce sera surtout dans l'entre-deux-guerres que les atteintes deviendront de plus en plus grandes et elles ne cesseront pas jusqu'à la Seconde guerre mondiale. Mais il faut admettre que le pouvoir est obligé de faire face aux débordements d'une certaine presse dont l'exemple type est certainement l'odieuse campagne de presse menée par l'hebdomadaire Gringoire et qui conduira au suicide du Ministre de l'Intérieur, Roger Salengro. Cela entraînera des lois plus répressives et des délits nouveaux (organisation du refus collectif de l'impôt en 1933, fausses nouvelles de nature à ébranler le moral des armées en 1935, atteinte au crédit public en 1936, loi Maurras réprimant la provocation au meurtre suivie d'effets la même année, interdiction des publications étrangères en 1939 et enfin instauration de la censure avec la guerre). Le régime de Vichy constituera une parenthèse douloureuse pour la liberté de la presse. Sans doute les nouveaux gouvernants vont-ils dans un souci d'idéalisme, non dépourvu pour beaucoup d'arrière-pensées, vouloir rénover la presse qu'ils accusent de tous les maux. Mais leur volonté de rénovation, d'une part va conduire à des atteintes graves à la liberté de la presse elle-même (l'ordonnance du 6 mai 1944 supprime totalement le jury) et d'autre part va échouer. L'idée d'une presse pure, indépendante des puissances d'argent fera vite long feu. L'ordonnance du 26 août 1944 va tenter de réaliser cet objectif. Elle souhaite instaurer la transparence. Le lecteur doit tout connaître de la publication qu'il lit. Rares sont les journaux qui respecteront les prescriptions de cette ordonnance, et les sanctions n'interviendront jamais. En outre, jusqu'en 1947, les difficultés économiques en matière de papier serviront de justificatif à un régime d'autorisation préalable. Pourtant la presse est très vivante : 28 quotidiens à Paris, 175 en province. Mais les difficultés économiques vont assez vite susciter des disparitions, des concentrations, entraîner la naissance de groupes de presse. Les créations de quotidiens sont rarissimes. En revanche, le bilan est beaucoup plus favorable pour la presse périodique. Les difficultés politiques de la IVe République et des débuts de la Ve ne faciliteront pas la liberté (Guerre d'Indochine, guerre d'Algérie). Elles conduiront à multiplier poursuites et saisies. Les évolutions techniques contraindront à des adaptations difficiles (photocomposition) ayant des conséquences sociales graves sur certaines professions et engendrant des conflits dramatiques. En outre va se développer la concurrence des autres médias. On va d'ailleurs passer de la notion de groupes de presse à celle de groupes de communication. Ceux-ci vont chercher à contrôler différents types de médias. Ils vont franchir les frontières.

L'arrivée au pouvoir d'une gauche quelque peu obnubilée par le cas du groupe de presse Hersant, (« Au train où ça va, il rachètera bientôt le Journal Officiel », Louis Mermaz) va être à l'origine d'une volonté de revoir les lois sur la presse. Ce sera l'occasion à la faveur de ce nouveau texte en 1984, pour le Conseil constitutionnel, de poser les principes devant présider aux différents aspects de la liberté de la presse, et peut-être surtout de la liberté de la presse en tant que liberté économique. C'est aussi la consécration du lecteur plus que du rédacteur auquel pensait essentiellement la Déclaration de 1789. L'alternance qui se produira en 1986 relancera le débat. La décision du Conseil Constitutionnel du 29 juillet 1986, fort critique, va obliger le législateur à compléter la loi du 1er août 1986, ce qui sera fait avec la loi du 27 novembre 1986. Depuis lors les esprits semblent s'être assagis et l'instabilité législative a cessé. Est-ce à dire que la presse a trouvé une situation satisfaisante ? Certainement pas.

b) Les incertitudes d'une industrie

La presse est devenue une industrie ce qui pose les termes de cette liberté dans une dimension économique. L'argent est nécessaire pour créer un journal. L'argent est nécessaire pour éliminer les autres journaux par le phénomène de la concentration. Cela conduit à une approche nouvelle du juge constitutionnel qui va privilégier plus le lecteur que le créateur. On insiste sur l'exigence de pluralisme, l'idée de droit à l'information.

La presse est menacée. Elle l'est par les conditions économiques. Certaines de ses ressources sont en danger. Il en va ainsi de la publicité qui peut être attirée par d'autres médias. Or la publicité reste une source majeure pour certains journaux. Elle fournit 80 % des ressources du Figaro. Elle en fournit dix fois moins à La Croix.

La presse est également menacée par les autres médias, et notamment la télévision. C'est une banalité de le dire, même si le contenu d'un journal télévisé ne représente qu'un quart de page d'un journal par le nombre d'informations qui peut être donné. Il n'est d'ailleurs pas étonnant de constater que les périodiques qui ont la plus forte diffusion, le plus fort tirage, sont, comme par hasard les hebdomadaires de télévision...

Mais également les problèmes de la presse sont liés à des phénomènes culturels. Certains pays sont de très grands lecteurs. C'est le cas de l'Europe du Nord, du Japon. Le poids des quotidiens édités en fin de semaine est impressionnant dans les pays anglo-saxons. En France, malgré certaines tentatives qui ont échoué, il reste squelettique. La France se situe à la remorque des pays développés. Le tirage reste faible. Même les plus grands quotidiens (Ouest-France, – il est symptomatique que ce soit un journal régional qui ait le plus fort tirage- ; Le Figaro) ne parviennent pas à atteindre la barre symbolique du million d'exemplaires, alors que ce seuil, était franchi dans le passé. France-Soir avait atteint 1 700 000 exemplaires. Nous sommes très loin par exemple des 10 millions d'exemplaires du Yomiuri Shimbun au Japon. En France, nous avions en 1990, 79 quotidiens pour un tirage global de 11 792 000 exemplaires soit une moyenne de 208 exemplaires pour 1 000 habitants. Que l'on compare avec la Norvège : 610 exemplaires !

Mais également la presse devient de moins en moins un vecteur de la liberté d'expression. Ce sont les journaux que l'on qualifiera « d'opinion » qui ont progressivement disparu. La Croix, l'Humanité, Présent, survivent à grand peine parmi les quotidiens exprimant une opinion. Or c'est très certainement à l'idée d'une presse d'opinion que pensaient les constituants lorsqu'ils ont affirmé la liberté d'expression. Aujourd'hui, celle-ci s'est peut-être plus déplacée vers un autre concept, celui visant à la fabrication d'un produit destiné à être mis sur le marché.

2. La liberté de la presse, liberté d'expression

a) Le principe de liberté et sa régression

Le principe posé par la loi du 29 juillet 1881 est un principe de liberté. L'article 1er est clair : *« l'imprimerie et la librairie sont libres »*. La loi de 1881 affirme la liberté d'expression par différents types d'imprimés. A côté du livre ou de la publication périodique, il y a l'affiche. Contrairement à la mention « Défense d'Afficher, loi du 29 juillet 1881 » qui pourrait laisser penser qu'il s'agit d'une liberté restreinte, l'affichage politique, notamment, ne rencontre que peu de contraintes (Crim. 17 novembre 1911, D.P. 1912 I 310 ; 17 janvier 1956 Bull. n° 54 ; 10 décembre 1968, Bull. n° 332 ; D 1969.473 note Orfila ; RSC 1969.400 obs. Vitu) (interdiction du papier blanc réservé aux actes de l'autorité publique, interdiction d'affichage sur les lieux réservés aux actes de l'autorité publique, sur les édifices du culte, interdiction des affiches contraires à la décence etc...). L'abus de l'affichage est difficile à réprimer car seul l'afficheur est responsable (Crim. 7 mars 1896 DP 1896 I 511). Une réglementation particulière existe pour l'affichage électoral : interdiction d'affichage sur les édifices du culte, aux abords des salles de scrutin, interdiction des affiches tricolores, protection particulière contre la lacération. Cette réglementation est devenue beaucoup plus rigoureuse à la suite de la loi du 15 janvier 1990. Dans les trois mois avant l'élection, l'affichage est interdit hors des emplacements spéciaux – art. L. 51 Code électoral –. La loi du 29 décembre 1979 relative à la publicité, aux enseignes et préenseignes a restreint également la liberté en faveur d'une protection de l'environnement.

Les obligations pour pouvoir diffuser étaient à l'origine extrêmement réduites. Elles ont eu tendance à s'alourdir. La publication d'un journal ou écrit périodique ne nécessite ni autorisation préalable, ni dépôt de cautionnement, mais simplement une déclaration préalable adressée au Parquet dans laquelle devront figurer le titre du journal ou de l'écrit périodique et son mode de publication, le nom du directeur (ou si celui-ci jouit de l'immunité parlementaire, du codirecteur) ainsi que son domicile et enfin le nom de l'imprimerie. Cette déclaration ne saurait en aucun cas être considérée comme une autorisation préalable puisque la loi de 1881 prescrit qu'il devra en être donné récépissé. Par la suite, à l'occasion de la publication de chaque nouveau numéro, qui devra mentionner le nom du directeur de la publication (article 11) ainsi que celui de l'imprimeur (article 2) l'éditeur sera astreint au dépôt légal. Celui-ci, très limité à l'origine, est devenu de plus en plus important et finit par devenir une charge insupportable si le tirage de la publication est peu important. En réalité il y a plusieurs types de dépôts. Le dépôt administratif exige 10 exemplaires pour les quotidiens. Le dépôt judiciaire nécessite 2 exemplaires pour le parquet du Tribunal de Grande instance, les publications pour la jeunesse devant déposer 5 exemplaires au Ministère de la Justice. Enfin, le dépôt légal, stricto sensu, vise 4 exemplaires pour la Bibliothèque Nationale, et 1 exemplaire pour le Ministère de l'Intérieur ou la Préfecture, sans compter le dépôt de l'imprimeur (2 exemplaires à la Bibliothèque Nationale ou à la Bibliothèque municipale habilitée à cet effet).

Le dépôt légal, qui a été réorganisé par la loi du 20 juin 1992 (cf. Pontier ALD 1992.167 ; E. Dreyer, La réforme du dépôt légal : premier bilan RRJ 1995.61) s'applique aux documents imprimés, graphiques, photographiques, sonores, audiovisuels, multimédias quel que soit leur procédé technique de production, d'édition ou de diffusion, *« dès lors qu'ils sont mis à la disposition du public »*. Cela s'applique aussi aux *« progiciels, bases de données, systèmes experts et autres produits de l'intelligence artificielle »*. Pour le reste, le régime de la presse repose, en principe sur un régime répressif. La liberté d'écrire est totale sauf à répondre de ses abus. Le nombre d'infractions qui avait été réduit en 1881, s'est accru depuis lors.

Il ne saurait y avoir d'immunité et la revendication d'un secret professionnel par les journalistes s'est toujours heurtée à un refus du législateur (cf. G. Memeteau, La question du secret professionnel des journalistes, GP 1974 I 98) Très souvent revendiqué, le risque est qu'il libère le journaliste des obligations légales que la loi exige de chacun ; mais il faut aussi voir qu'il ne peut exercer son métier que s'il protège ses sources d'information. Les articles 226-13 et 226-14 du NCP ne le protègent pas. Le journaliste ne peut figurer parmi les personnes dépositaires, « par état ou profession » ou « en raison d'une fonction ou d'une mission temporaire » détenant des informations à caractère secret. Le journaliste est soumis à la loi. Il est obligé de dénoncer (art. 434-1 à 434-3, 434-12), de témoigner (art. 109 CPP), de déposer devant les juridictions civiles (art. 206 CPC). Certaines législations étrangères ont admis le secret du journaliste, au moins en le dispensant de témoigner en justice (Suisse, Suède, Royaume-Uni, RFA et plusieurs États des États-Unis). En France, la jurisprudence a toujours refusé d'admettre que les journalistes étaient soumis au secret professionnel et elle les a condamnés pour refus de témoigner en justice lorsqu'ils refusaient de livrer leurs sources d'information (parmi les cas célèbres on citera celui de Roger Stéphane, poursuivi à propos d'informations confidentielles sur la guerre d'Indochine, de Georges Arnaud poursuivi pour avoir refusé de révéler les conditions dans lesquelles il avait assisté à une réunion favorable au FLN). Il est vrai que la notion de secret professionnel est inadaptée car les informations recueillies sont destinées non pas à être tues mais à être publiées. Mieux vaudrait évoquer l'idée de « protection des sources de l'information » et peut-être appliquer la jurisprudence relative aux « indicateurs » de la police (cf. art. 109, 326 et 438 du CPP).

b) Crimes et délits commis par voie de presse

Le chapitre IV de la loi de 1881 distingue cinq variétés de crimes et délits commis par la voie de la presse ou par tout autre moyen de publication. Mais la distinction n'est guère significative. En réalité, il ne s'agit pas des seuls crimes et délits susceptibles d'être commis par la voie de la presse. En revanche, ce sont ceux qui bénéficieront des dispositions en général plus protectrices, en matière de procédure, prévues par la loi de 1881.

Les délits de presse sont ceux commis par la voie de la presse (écrits, imprimés) mais aussi, pour certains, par d'autres moyens. Cela peut être par la parole (*« discours, cris, menaces proférées »*), l'image (*« dessins, gravures, peintures, emblèmes, images »*), placards ou affiches, moyen de communication audiovisuelle. Pour certains délits on exigera la mauvaise foi (art. 35 bis, 27 et 41...). Certaines immunités peuvent protéger (art. 41 parlementaire, judiciaire). La loi de 1881 réprime la provocation aux crimes et délits. Certaines provocations figurent dans d'autres textes, par exemple la provocation à la débauche de l'article R. 40-11° ou au refus de l'impôt de l'article 1839 CGI... On distingue la provocation directe suivie d'effet – article 23 – et non suivie d'effet – article 24 al. 1 et 2 –. La loi de 1881 sanctionne l'apologie – article 24 al. 3 –, les chants séditieux – article 24 al. 5 –, la provocation à la discrimination – article 24 al. 6 –. Elle réprime également les délits contre la chose publique. Il s'agit de l'offense au Chef de l'État (cf. Crim. 21 décembre 1966, Bull. n° 300). La loi de 1881 réprime aussi l'offense aux chefs d'État étrangers – article 36 – et aux agents diplomatiques étrangers – article 37 – pour lesquels les moyens de publicité vont au-delà de ceux visés à l'article 23. Entrent aussi parmi les délits contre la chose publique les fausses nouvelles ayant troublé la paix publique et les fausses nouvelles de nature à ébranler la discipline ou le moral des armées. Ce délit doit être commis de mauvaise foi. C'est important car pour les quotidiens il n'est pas toujours facile de vérifier les informations même si la règle de la double source d'information devrait être le principe. La détention provisoire – article 52 – est possible pour cette infraction. Sont également réprimés les délits contre les personnes, dont la diffamation, les délits contre les chefs d'État et agents diplomatiques étrangers mentionnés plus haut et enfin les publications interdites.

La diffamation, qui est définie comme *« toute allégation ou imputation d'un fait qui porte atteinte à l'honneur ou à la considération de la personne ou du corps auquel le fait est imputé »* est différente de l'injure qui est toute expression outrageante, termes de mépris ou invective qui ne renferme l'imputation d'aucun fait (art. 30 et 33). La diffamation suppose une allégation ou imputation d'un fait précis et déterminé, un fait qui porte atteinte à l'honneur et à la considération, une victime identifiable, une intention coupable et une publicité (Ph. Bilger). C'est seulement dans le cas de l'injure que peut exister l'excuse de provocation (article 33). La loi de 1881 réprime certaines diffamations particulières (armée, corps constitués, administrations publiques, cours et tribunaux – art. 30 – ; membres des ministères, fonctionnaires publics, dépositaires de l'autorité publique, citoyens chargés d'un service ou d'un mandat public – art. 31 – ; diffamation raciale – art. 32 –, diffamation contre la mémoire des morts – art. 34 –). Il en va de même pour l'injure. Certaines sont particulières : injure raciale (art. 33 al. 1 et 3), mémoire des morts (art. 34).

Le problème essentiel qui se pose est celui de la vérité des faits diffamatoires. Elle doit être prouvée (article 35). Dans certains cas celle-ci ne peut jamais être rapportée (vie privée, faits de plus de dix ans, faits amnistiés). La procédure connaît aussi quelques particularités (art. 48 et 55).

Ce régime des délits de presse a été pendant très longtemps très libéral, étant caractérisé par la Cour d'Assises. Cependant ce libéralisme a été en s'atténuant, les jurés ayant tendance à être indulgents à l'égard des crimes et délits de presse. C'est pourquoi, progressivement, les délits de presse ont été correctionnalisés jusqu'à la généralisation du principe par l'ordonnance du 6 mai 1944.

Mais tout ne se figure pas dans la loi de 1881. Certaines infractions intéressant la presse se trouvent soit dans le Code pénal, soit dans des lois spéciales (ex. interdiction de diffusion de certains sondages, atteintes à la vie privée, loi 87-1133 réprimant la provocation au suicide – après le livre « Suicide, mode d'emploi ») la procédure relative aux délits figurant dans la loi de 1881 comporte des données originales. Ainsi, le système de responsabilité mis en œuvre est un système en cascade. L'article 42 prévoit que seront responsables comme auteurs principaux les directeurs de publication ou éditeurs, et le cas échéant les codirecteurs, ou à défaut les auteurs, ou à défaut les imprimeurs ou à défaut, enfin, les vendeurs, les distributeurs et les afficheurs. L'article 43 vise les complices (auteur et vendeur). Ce système s'applique aussi à l'audiovisuel sauf pour les émissions en direct (cf. affaire Skyrock).

c) Le problème de la vie privée

Le système très protecteur de procédure explique que l'on sera tenté parfois de s'abstraire de la loi de 1881. Ainsi, en matière de diffamation, certains préféreront la voie civile en invoquant une atteinte à l'honneur. On a pu voir avec inquiétude se développer la mise en œuvre de la responsabilité civile sur le fondement des articles 1382 s. du Code civil. Le cas le plus patent est l'atteinte à la vie privée. La Cour de cassation avait bien vu le danger (Civ. II 27 novembre 1963, JCP 1965 II 14443, obs. R.L.). Il s'y ajoute aussi le droit à son image. Sans doute cette possibilité a permis de développer sa protection avant la loi de 1970 Le juge des référés est intervenu en ordonnant des saisies. La loi de 1970 aurait dû fixer un cadre strict. En fait, le juge est allé bien au-delà. Il est vrai qu'il y avait un vide législatif, alors que les textes internationaux évoquaient la question (article 12 Déclaration Universelle des droits de l'Homme ; article 8 Convention européenne des droits de l'Homme ; article 17 du Pacte sur les droits civils et politiques). La Cour de Justice des communautés européennes a considéré en 1980 (CJCE 26 juin 1980 National Panasonic Rec. 2033 concl. J.P. Warner) le droit au respect de la vie privée comme un droit fondamental. Pourtant, déjà, en 1858, le tribunal civil de la Seine avait ordonné la saisie d'un dessin et de photos représentant l'actrice Rachel sur son lit de mort. « L'homme célèbre a le droit de mourir caché » s'était exclamé le procureur Pinard. L'article 2 de la loi du 11 mai 1868 avait sanctionné *« toute publication dans un écrit périodique relative à un fait de la vie privée »*, mais ce texte avait été abrogé en 1881. La loi sur la liberté de la presse ne comporte qu'un article (35 al. 2 bis) excluant la preuve en matière de diffamation lorsque l'imputation concerne la vie privée de la personne. D'autres textes hors la loi de 1881 s'intéressent ponctuellement à la protection de la vie privée.

Mais le juge a pu sanctionner l'atteinte à la vie privée en se fondant sur l'article 1382 plutôt que sur telle ou telle disposition de la loi de 1881 car cela permettait d'échapper à une procédure rigoureuse. Dans le cadre de la loi de 1881, la saisie est très difficile et la prescription n'est que de trois mois. La conséquence est que l'ouvrage de presse est mieux protégé devant les tribunaux répressifs que devant les juridictions civiles. Le juge pourra ordonner la saisie mais aussi la mise sous séquestre etc. Le mouvement a été lancé par l'affaire Philipe. (Paris 14° Ch. 13 mars 1965, Dame Philipe c/ France Editions et Publications JCP 1965 II 14223 ; Cas. Civ. II 12 juillet 1966 SARL France Editions et Publications c/ Veuve Gérard Philipe D 1967.181 note P. Mimin qui confirme). Des journalistes sans scrupules avaient photographié sur son lit d'hôpital le fils de l'acteur Gérard Philipe. La mère de l'enfant s'était alors adressée au juge des référés et avait obtenu la saisie des exemplaires de l'hebdomadaire. La décision fut confirmée par la Cour d'appel de Paris. Si chacun se sentait mal à l'aise pour critiquer, sur un plan humain, une telle décision, il n'en allait pas de même par la suite. En 1966 la saisie d'un journal évoquant la vie privée d'une chanteuse mineure (Paris 1966 Soc. La France continue c/ R. Gall, et Civ. II 25 novembre 1966 Bull. n° 929 ; GP 1967 I 201) et donc ayant besoin de publicité, était ordonnée.

Cependant, le juge devait s'efforcer de poser certaines limites, d'une part en exigeant une « immixtion intolérable », d'autre part en prenant en compte le comportement de la victime (Paris 1° Ch. 6 juillet 1965 Pablo Ruiz Picasso c/ Ed. Calmann-Lévy, GP 1966 I 39) tout en reconnaissant que « tout individu peut user d'un repentir pour exiger le secret » (affaire Sachs, Paris, 1re Ch., 15 novembre 1966, Soc. Annon. Presse Office c/ Gunter Sachs, d. 1967.182 note P. Mimin). En 1970, le Recteur Prelot avait proposé un amendement : *« Ne peuvent se prévaloir des dispositions légales protectrices de la vie privée les personnes qui, par leur comportement, auront permis des divulgations touchant à leur intimité ».* Voté par le Sénat, il fut refusé par les députés. En 1970, le Parlement adoptait une loi qui d'une part instaurait un nouvel article 9 du Code civil affirmant le droit à la vie privée, et d'autre part, sanctionnait diverses infractions pénales (art. 368 à 372 CP ; art. 226-1 à 226-9 du NCP). C'était aussi la prise de conscience d'innovations technologiques sophistiquées permettant des atteintes de plus en plus graves et de plus en plus insidieuses à la vie privée. L'article 9 établit un double mur de la vie privée puisqu'il prévoit outre la protection de la vie privée, celle de l'intimité de la vie privée. Seule cette dernière peut permettre des mesures ordonnées par le juge – et s'il y a urgence, en référé. Si l'ouvrage n'est pas encore diffusé, le juge interdit la diffusion tant que le passage n'aura pas été supprimé (Paris 28 décembre 1987 D 1989. Somm. 91 obs. D. Amson). Sinon il pourra décider la saisie qui cependant pourra être limitée géographiquement.

L'article 9 est cependant moins strict que la jurisprudence qui exigeait une « immixtion intolérable dans la vie privée ». Fort heureusement la jurisprudence a repris cette exigence.

Nous ne développerons pas ce qu'il faut entendre par vie privée, chaque affaire apportant d'ailleurs une contribution à une définition globale difficile à élaborer. On pourra y mettre notamment l'identité (nom, domicile, numéro de téléphone), la santé, la vie conjugale et familiale, les loisirs, les impôts etc...

Le juge s'est fondé aussi sur le nouveau code de procédure civile (article 808 et 809) pour sanctionner les abus de la liberté de la presse en faisant fi de l'article 51 de la loi de 1881. Il a pu ordonner des mesures de saisie pour faire cesser l'*« atteinte intolérable à la personne »*. Le juge est devenu plus rigoureux. Le trouble visé par l'article 809 du nouveau code de procédure civile doit être constitué « soit par une atteinte intolérable ou une intrusion injustifiée dans l'intimité de la vie privée d'une personne physique, soit par une agression dont la violence extrême ou la répétition délibérée mettent la personne visée dans l'impossibilité absolue de se défendre et de répondre aux attaques qui lui sont portées, sauf à subir les effets de ce qui ne serait qu'une pure et simple persécution » (Paris Ref. 8 novembre 1965 Kolingba et autres c/ Delpey et autres D. 1986 Somm. 190 ; Paris 11 juillet 1986 Dame Villemin et autres c/ Veuve Laroche et autres JCP 1987 II 20754 obs. P. Auvret ; D 1987.107 note R. Lindon).

A côté de ces mesures se fondant sur la loi, certaines pratiques aboutissent à un résultat identique, comme l'achat massif de journaux...

d) Droit de réponse et droit de rectification

La protection des particuliers ne relèvera pas exclusivement des tribunaux. Le recours au juge n'est pas toujours souhaitable car une publicité peu utile sera donnée et quand bien même par exemple le journal sera condamné, le lecteur ne sera pas toujours convaincu. En outre la sanction vient trop tardivement. Enfin les délits de presse ont bien souvent une connotation politique qui rend la sanction difficile. Elle peut se faire d'une façon beaucoup plus simple à travers le droit de réponse prévu par l'article 13 de la loi de 1881. Toute personne physique ou morale nommée ou désignée ou mise en cause peut répondre dans l'année qui suit par une réponse de même longueur que l'article contesté sans aller au-delà de 200 lignes. Elle peut comporter 50 lignes pour des articles d'une importance inférieure (cf. Crim 20 janvier 1987 Rimasson Bull. n° 29 p. 69). Si la personne est décédée, ce sont les héritiers qui pourront intenter l'action, mais sous certaines réserves. Cette réponse doit être publiée dans les trois jours pour les quotidiens ou dans le numéro qui suit le surlendemain de la réception pour les périodiques. La publication de la réponse doit être intégrale, à la même place et dans les mêmes caractères. Cependant, il est évident que les abus sont possibles. C'est pourquoi le refus sera possible si la réponse est trop longue, si elle nuit à l'ordre public, si elle est contraire à l'intérêt des tiers, si enfin elle porte atteinte à l'honneur ou à la considération du journaliste ou du journal. Mais si le refus est infondé, il y a possibilité d'insertion forcée.

Différent du droit de réponse, on évoquera aussi le droit de rectification (article 12 de la loi de 1881) pour les dépositaires de l'autorité publique, possible pour les actes rapportés de façon inexacte, la rectification ne pouvant dépasser le double de l'article incriminé. La rectification sera publiée *« en tête du plus prochain numéro »* c'est-à-dire à la une. Cette disposition est assez peu utilisée et ne concerne que les journaux ou écrits périodiques. En cas de refus ; la sanction est une amende.

e) *Interdiction totale ou partielle d'informations et de publications*

Avant toute chose, on constatera que certains lieux ne connaissent pas la liberté de la presse, principalement en ce qui concerne la diffusion. Celle-ci peut en effet être interdite, par exemple dans les casernes. Cependant l'interdiction d'une publication n'est plus considérée comme une mesure d'ordre intérieur (CE 10 octobre 1990 Garde des Sceaux c/ Hyver Rec. 911 conforté par la jurisprudence de la Cour européenne des droits de l'Homme : 19 décembre 1994 Vereinigung Demokratischer Soldaten österreichs et Gubi c/ Autriche).

i) Les informations interdites

Les exceptions auraient dû disparaître avec la loi de 1881. Là encore si nous étions presque dans cette situation, celle-ci a évolué pour voir les exceptions s'élargir. Sans doute la censure n'a pas été rétablie, tout au moins en période de paix, puisque la Première Guerre Mondiale a vu réapparaître « Anastasie ». Et les régimes d'exception évoqués plus haut permettent ce que l'on appelle pudiquement le contrôle de la presse. Mais la censure est une mesure trop brutale et d'autres techniques plus subtiles ont pu être trouvées. Même l'Eglise a supprimé l'Index librorum prohibitorum (il a existé de 1562 à 1965 et avait, entre autres, « mis à l'Index » Balzac, A. France, Dumas père et fils, G. Sand...).

Il n'en reste pas moins que les informations interdites sont très nombreuses. Certaines concernent la défense nationale et se situent en général hors de la loi de 1881. Outre les possibilités offertes par l'état de siège ou l'état d'urgence, on évoquera le décret-loi du 24 août 1939 sur l'organisation de la nation en temps de guerre, les informations de nature à nuire à la défense nationale (art. 72, 75, 76 et 78 du C.P. devenus 413-9 à 413-12 NCP), les brevets intéressant la défense nationale (loi du 2 janvier 1968), les secrets de procédure (art. 476.8 CJM).

Certaines restrictions intéressent la moralité publique ou la protection de certaines personnes comme l'article 38 al. 3 de la loi de 1881, mais les incriminations sont beaucoup trop larges. Ces dispositions sont peu appliquées, sinon la rubrique « faits divers » de la presse serait indigente. En effet elles prohibent la publication de photographies, dessins ayant pour objet la reproduction des circonstances de certains crimes ou délits. Des interdictions s'appliquent aussi aux informations relatives aux mineurs (art. 14, O. 2 février 1945 sur les mineurs délinquants ; art. 39 bis de la loi de 1881 sur les mineurs en fugue ; article 39 quater sur les personnes adoptées, article 39 ter sur les suicides de mineurs). La santé publique est aussi l'objet de préoccupations (publicité pour les médicaments, les apéritifs, les maladies vénériennes). Enfin on cherche aussi à protéger la bonne administration de la justice (secret de l'instruction : article 1 CPP ; commentaires avant jugement : art. 434.16 NCP ; actes d'accusation et actes de procédure criminelle ou correctionnelle avant l'audience publique : article 38 loi 1881 ; constitution de partie civile : art. 2 loi 2 juillet 1931 ; Photographie ou enregistrement de débats judiciaires : article 39 al. 4 loi 1881 et art. 38 ter avec les limites de la « loi Barbie » du 11 juillet 1985 ; juridictions pour mineurs : O. 2 février 1945 ; compte rendu de certains procès : article 39 al. 1 (procès en diffamation). Citons à titre historique l'ancien article 15 du Code pénal qui interdisait la relation des exécutions capitales).

ii) Saisies de presse

En fait on constate une « tolérance presque générale dont bénéficie la presse » (Paris 22 juillet 1953). Il en est ainsi des saisies. La loi de 1881 avait voulu limiter les saisies préventives de façon presque radicale. L'article 49 devenu aujourd'hui 51 ne permettait que la saisie de quatre exemplaires – ce qui n'était pas une atteinte sérieuse – et seulement en cas d'omission du dépôt légal. Mais là encore, les atteintes successives au droit de la presse ont entraîné des exceptions et fait sortir certaines infractions du régime protecteur de la loi de 1881. C'est pourquoi dans le cas de certaines provocations aux crimes et délits non suivies d'effet, ou d'offense ou outrages envers les chefs d'État ou de gouvernement étranger, les ministres des affaires étrangères de gouvernement étranger, les diplomates, la saisie est devenue possible selon les règles du code de procédure pénale. Certains considèrent que cela ne peut porter que sur quelques exemplaires « pour la manifestation de la vérité ». Mais alors, pourquoi avoir des dispositions spéciales alors que le dépôt légal devrait permettre d'atteindre ce but ? La saisie répressive est prévue par la loi de 1881. L'article 61 permet la confiscation quand il y a eu saisie préventive ou bien saisie totale lorsque celle-ci n'a pas eu lieu préventivement. Pour les autres infractions non visées par la loi de 1881, le Code de procédure pénale trouvera application. Ainsi que nous l'avons évoqué, on pourra s'appuyer sur les dispositions du code de procédure civile, lorsque par exemple la victime de telle ou telle publication préférera utiliser la voie civile, comme en matière de vie privée.

Mais les saisies peuvent être l'œuvre des autorités administratives. A priori, rien ne devrait permettre à une autorité administrative de porter ainsi atteinte à une liberté fondamentale. Cela avait paru totalement impossible dans un premier temps (TC 25 mars 1889 D 1890 III 66). En 1935, le Tribunal des Conflits était plus nuancé (TC 8 avril 1935 Action Française GAJA n° 54 ; GDJDA p. 217). Cette décision relative à la saisie, au lendemain des événements tragiques du 6 février 1934, de « L'Action française » à Paris et dans le département de la Seine avait considéré que cela était constitutif d'une voie de fait. En réalité, le Tribunal des conflits n'avait pas condamné en soi les saisies, mais dans l'espèce, leur généralité. Si la saisie n'avait eu lieu que sur la seule ville de Paris et non pas dans tout les département de la Seine, elle aurait été admise, bien qu'aucun texte ne puisse expressément fonder les compétences du Préfet. Le Préfet de la Seine avait été condamné, parce qu'une disposition du Code d'Instruction criminelle – l'article 10 devenu article 30 du Code de procédure pénale – avait disparu. Rétabli peu après, celui-ci dotait le Préfet de pouvoirs de police judiciaire en matière de « crimes ou délits contre la sûreté de l'État, et seulement s'il y a urgence ». Dans les 24 heures, le Préfet devait transmettre le dossier au Procureur de la République. Puisque le Préfet disposait des pouvoirs dévolus au Procureur de la République ou au juge d'instruction, il pouvait saisir les journaux. Dès lors, afin d'éviter une sanction par les juridictions administratives ou bien qu'une voie de fait ne soit prononcée, le Préfet masquera les véritables saisies administratives en saisies judiciaires en ayant recours à l'article 10 CIC/30 CPP, ce qui aurait dû lui assurer une quasi-impunité. Cette question des saisies administratives a atteint son paroxysme pendant la guerre d'Algérie et devant la timidité du juge judiciaire, le Conseil d'État a préféré, à propos de saisies opérées par le Préfet d'Alger, d'une part, restituer aux saisies judiciaires leur véritable caractère de saisie administrative, considérant qu'elles visaient *« à empêcher la diffusion des écrits incriminés dans la publication litigieuse »* et d'autre part, ne pas voir une voie de fait là où elle était en réalité, préférant y déceler une simple illégalité, un détournement de procédure permettant au juge administratif de conserver sa compétence et de sanctionner. Si la saisie avait l'apparence d'une saisie judiciaire, sa réalité était celle d'une saisie administrative (CE Ass., 24 juin 1960, Société Frampar et Société France Editions et Publications, GAJA n° 97 ; GDJDA). Le juge administratif a pu aussi réparer le préjudice (CE, S, 4 novembre 1966, Min. de l'Intérieur c/ Soc. « Le Témoignage Chrétien », JCP 1967 II 14914 note R. Drago ; AJDA 1967.32 chr. Lecat et Massot et 40, concl. Questiaux). Le problème était délicat en raison de l'ambiguïté liée à l'article 30 du Code de procédure pénale. De 1958 à 1962, 25 livres furent saisis en relation avec la guerre d'Algérie. Le problème était que si sanction il y avait, elle intervenait beaucoup trop tard. L'article 30 CPP a été abrogé par la loi du 4 janvier 1993.

D'autres atteintes peuvent intervenir en vertu de la loi, permettant soit d'interdire certaines publications, soit d'en limiter la diffusion dans des conditions telles qu'elles conduisent à une véritable interdiction.

iii) Publications étrangères

Il en est ainsi tout d'abord des publications étrangères. Celles-ci posent des problèmes spécifiques lorsqu'elles sont publiées à l'étranger, à la fois sur le plan politique et le plan pénal. Un décret du 17 février 1852 imposait un régime d'autorisation spéciale pour les publications étrangères. L'opposition à Napoléon III était à Bruxelles, voire à Guernesey...La loi du 29 juillet 1881, bouleversée sur ce point à la veille du second conflit mondial, dispose en son article 14 que le Ministre de l'Intérieur – avant 1939, il fallait une décision du Conseil des Ministres – peut interdire la circulation, la distribution ou la mise vente des journaux ou écrits périodiques ou non, rédigés en langue étrangère (ainsi un ouvrage en langue française qui lui, ne peut être interdit, pourra l'être s'il est traduit. Histoire d'O ne put être interdit, en revanche, Story of O le fut) ou encore de provenance étrangère. Se posera alors une question de définition de la provenance étrangère que l'on résoudra par l'idée de contrôle Ce sera la publication « matériellement et intellectuellement de provenance étrangère » (G. Braibant, dans CE 17 décembre 1958 Min. de l'Intérieur c/ Girodias et Soc. Olympia Press, D. 1959.175) et rédigée en langue française. Ainsi un ouvrage français dont l'auteur est français ne peut être interdit, quoique imprimé à l'étranger s'il n'est pas prouvé que des étrangers aient suscité ou aidé sa publication (CE, S, 5 juin 1954 Barbier Rec. 345) Dans l'affaire Tricontinental, l'ouvrage pouvait être réputé de provenance étrangère. L'éditeur, français, diffusait une revue composée d'études ou d'articles déjà publiés à l'étranger par des auteurs de nationalité étrangère et consacrés à la situation de mouvements politiques révolutionnaires dans le tiers-monde ou de documents émanant de l'OSPAAL (cf. Cass. 11 février 1971 et CE Ass. 2 novembre 1973 Soc. An. Libr. Maspero GAJA n° 107) (cf. aussi CE, Ass. 30 janvier 1980 Min. de l'Intérieur c/ S.A. Librairie François Maspero, AJDA 1980.242 concl. Genevois, note Jordan ; GP 1980 II 586 note F. Julien-Laferrière). On recherche un faisceau d'indices. La nationalité ne peut suffire sinon on pourrait interdire Beckett ou Julien Green, mais comme le remarquait le commissaire du Gouvernement Braibant, « cela couvre aussi bien la Bible ou le Coran que le Courrier de l'Unesco ». Dans l'affaire Alata (CE 9 juillet 1982 Min. Int. c/ Soc. Ed. du Seuil et autres ; Rev. adm. 1982.514 note Pacteau) l'écrit était en langue française et imprimé en France ; il n'avait pas été rédigé à l'aide d'une documentation étrangère et ne révélait pas une inspiration étrangère. Cependant Alata, de formation et culture françaises avait acquis une autre nationalité en 1960 puis été déchu de la nationalité française en 1962. En dépit de cela l'ouvrage n'a pas été considéré comme de provenance étrangère. Le fait que l'auteur soit de nationalité étrangère ne saurait suffire.

Là encore, il y a eu une évolution qui est allée dans le sens d'un libéralisme de plus en plus réduit. L'article 14 connaît toujours une application importante. La plupart des arrêtés visent à interdire des publications de caractère pornographique (CE 17 décembre 1958 Min. Int. c/ Girodias et Soc. Olympia Press précité ; CE 19 février 1958 Soc. Les Editions de la Terre de feu, Rec. 114). Mais d'autres motivations peuvent intervenir comme la protection de l'ordre public interne (CE Ass. 2 novembre 1973, Libr. Maspero précité, afin de lutter contre la subversion d'extrême gauche ; CE 17 avril 1985 Min. Intérieur et Décentralisation c/ Soc. Editions des Archers ; RDP 1985.1363 concl. B. Stirn à propos de publications de nature à favoriser la renaissance de l'idéologie nazie ; cf. aussi A. 14 juin 1990 interdisant la revue « Révisions ») les relations internationales (CE, Ass. 28 avril 1978, Alata et autres Rec. 193 ; voir l'interdiction d'El Badil le 22 novembre 1986, journal algérien dirigé par d'anciens dirigeants réfugiés en Europe, ainsi que « l'Alternative démocratique » (A. 20 mars 1987) et El Tejded (A. 21 juillet 1987). L'arrêté d'interdiction de « Novembre » (A. 4 décembre 1987) invoque comme motif qu'il « est de nature à porter atteinte aux intérêts diplomatiques de la France ». Voir plus récemment l'interdiction de « Le Critère » (A 27 mai 1993), devenu « Résistance » et interdit aussi (25 juin 1993) ou « l'Etendard » (A. 4 août 1993). On évoquera aussi l'arrêté du 25 janvier 1974 interdisant « l'Ascension de Mobutu » de Jules Chomé car « de nature à nuire à la conduite des relations entre la France et le Zaïre » et pour faire bonne mesure l'arrêté ajoute un danger pour l'ordre public interne quelque peu illusoire (CE, Ass. 30 janvier 1980 Min. de l'Intérieur c/ S.A. Librairie F. Maspero précité). Parfois on préfère des mesures plus vigoureuses comme l'expulsion de l'auteur de l'ouvrage (cf. l'expulsion le 21 juin 1991 d'Abdelmoumein Diouri auteur de « A qui appartient le Maroc ? » sur la fortune du Roi). Actuellement, les publications islamiques intégristes font l'objet de telles interdictions. (ex. 28 avril 1995 interdiction de « Le licite et l'illicite en islam » du théologien Youssef Qaradhawi car « de nature à causer des dangers pour l'ordre public en raison de sa tonalité nettement anti-occidentale et des thèses contraires aux lois et valeurs fondamentales républicaines qu'il contient » [Libération 4 mai 1995]). Il faut souligner ici le rôle important du Conseil d'État qui vérifie l'erreur manifeste d'appréciation, (CE 2 novembre 1973 Librairie François Maspero précité). Mais ne faut-il pas aller plus loin ? En 1980 le commissaire du Gouvernement Bruno Genevois proposait un contrôle normal. En 1985 un tribunal administratif l'a admis. Est-ce bien conforme aux engagements internationaux ? Le Traité de Rome en son article 30 interdit les restrictions à l'importation, mais, l'article 36 permet certaines exceptions notamment fondées sur l'ordre public ou la moralité publique (cf. TA Paris 16 mars 1971). La Convention européenne des droits de l'Homme ou le Pacte de 1966 n'exclut pas non plus les limitations. (Voir cependant la convention de 1923 pour la répression de la circulation et du trafic des publications obscènes).

iv) Publications pour la jeunesse

Enfin, ce sont toutes les publications françaises et étrangères qui peuvent se trouver atteinte en vertu de la loi du 16 juillet 1949 sur les publications pour la jeunesse. La loi de 1949, modifiée par l'ordonnance du 23 décembre 1958 et la loi du 4 janvier 1967, a été élaborée dans un contexte de délinquance juvénile dont on accusait les bandes dessinées, mais elle est aussi marquée par un protectionnisme à l'égard des « comics » américains. Elle comporte une certaine dose d'hypocrisie. Son intitulé est inexact. Sans doute les treize premiers articles concernent-ils exclusivement les publications pour la jeunesse. Et elle est une bonne loi sur ce point. Notamment, elle prévoit un statut pour les entreprises de publications pour la jeunesse avec certaines sujétions lors de la création et de la publication. Les atteintes sont limitées. Le contrôle est a posteriori. L'objectif reste plus de convaincre que de réprimer. Elle créée une commission, composée de représentants de certains ministères, de députés et sénateurs, de représentants de l'enseignement public et privé, d'éditeurs, de dessinateurs et d'auteurs, de représentants d'organisations de jeunesse, de personnes désignées par l'UNAF, de magistrats siégeant ou ayant siégé dans des tribunaux pour enfants. C'est une commission pléthorique, présidée par un Conseiller d'État et comprenant 59 membres titulaires ou suppléants, chargée de la surveillance et du contrôle des publications destinées à l'enfance et à l'adolescence qui doit signaler les infractions à la loi. Elle doit proposer toutes mesures susceptibles d'améliorer les publications destinées à l'enfance et à l'adolescence. Elle vise aussi les publications étrangères pour lesquelles la définition est plus large que pour l'article 14 de la loi de 1881. Leur importation est soumise à autorisation.

En revanche l'article 14, sous couvert de protéger la jeunesse, comporte des dispositions visant les publications susceptibles d'être lues par les adultes. On serait tenté d'écrire, les publications pour adultes. Avant 1949, il avait été admis que les pouvoirs de police administrative générale puissent être utilisés (CE 29 janvier 1937, Publications ZED Rec. 131) De même l'article 283 CP sur l'outrage aux bonnes mœurs disparu en tant que tel et refondu dans l'article 227.24 NCP, l'article 227.23 NCP, l'article R. 38-9 relatif aux affiches contraires à la décence refondu dans l'article R. 642-2 du NCP sur la diffusion de messages contraires à la décence utilisent l'arme pénale. Les pouvoirs de l'administration sur le domaine permettent également d'agir pour protéger la jeunesse (CE, S, 20 décembre 1957, SNEC S. 1958.73 concl. Guldner).

L'article 14 permet de frapper toute publication française (périodiques, livres,) de trois types de mesures. Ce texte a été « perfectionné » en permettant de fractionner les interdictions et en rendant l'utilisation plus fréquente.

Tout d'abord, il est possible d'interdire la vente, le don ou la proposition aux mineurs des « *publications de toute nature présentant un danger pour la jeunesse en raison de leur caractère licencieux ou pornographique ou de la place faite au crime, à la violence, à la discrimination, ou à la haine raciale, à l'incitation, à l'usage, à la détention, ou au trafic de stupéfiants* ». Mais les mesures peuvent être aggravées en interdisant également l'exposition de ces publications à la vue du public et la publicité par voie d'affiches. Cela vaut même si la publication est vendue sous enveloppe scellée (CE 20 décembre 1985 SARL Ed. du Pharaon, Rec. 391). Enfin, il peut être possible d'interdire en outre toute publicité. Il est évident que dans ces deux derniers cas, en voulant protéger les mineurs on « protège » aussi les adultes. L'article 14 interdit aussi la vente couplée, la reprise sous un autre titre, le fait de faire état de l'interdiction. L'interdiction est prononcée par le Ministre de l'Intérieur soit sur avis de la commission, soit de sa propre autorité. On observe un début de respect des droits de la défense. Depuis 1983 un amendement accorde à l'éditeur un délai de 15 jours pour présenter ses observations.

Mais le plus dangereux est constitué par les mesures complémentaires entraînées par les deux dernières interdictions. Le vendeur peut refuser de poursuivre la vente même s'il est lié par contrat. C'est une sorte de clause de conscience que ménage la loi du 2 avril 1947 modifiée. La publication est exclue des sociétés coopératives de messageries de presse ce qui est particulièrement grave. L'article 281 bis du CGI soumet les publications qui ont fait l'objet de deux interdictions au taux majoré de TVA (33,3 %) Un dépôt préalable est exigé si trois publications d'un même éditeur ont été frappées d'interdiction. Trois exemplaires doivent être déposés au Ministère de la Justice trois mois avant la mise en vente. Cependant là encore le juge administratif exerce un contrôle protecteur qui est le contrôle le plus étendu. Le juge recherche notamment si les circonstances justifient les mesures prises. Il contrôle la qualification juridique des faits. Sans doute, la plupart des publications faisant l'objet de ces mesures n'entraînent-elles pas beaucoup de regrets et d'ailleurs presque tous les recours ont été rejetés (exception cependant : 3 janvier 1958 Soc. Editions du Fleuve Noir ; D 1958.570 note Rouyer-Hameray). Mais il y a eu à cet égard certains « dérapages » dont le plus célèbre fut sans doute celui frappant un journal bête et méchant (Arrêté du 15 novembre 1970) qui avait titré de façon douteuse sur la mort du général de Gaulle. Mais était-il nécessaire de se comporter de façon bête et méchante à son égard en se fondant sur la loi de 1949 ? En 1987 on a beaucoup reparlé de la loi de 1949 à propos de l'exposition Pasqua et du souhait manifesté par le Ministre d'interdire notamment Newlook, Penthouse, Photo, L'Echo des Savanes et Gai Pied (cf. A. 26 novembre 1987). On pourrait penser qu'il y a là une atteinte excessive à la liberté de la presse. Le Conseil d'État a cependant considéré que la loi de 1949 correspond aux exceptions visées dans l'article 10 alinéa 2 de la Convention européenne des droits de l'Homme (CE 19 janvier 1990 Société française des revues AJDA 1990.93 Chr. Honorat et Baptiste).

3. La liberté de la presse, liberté économique

Aujourd'hui la liberté de la presse est une liberté économique parce que derrière la publication, il y a une entreprise de presse.

a) L'entreprise de presse

i) L'attente d'un statut

L'entreprise de presse n'était pas véritablement prise en considération par la loi de 1881. Elle n'apparaissait qu'à travers la publication. Cette situation a duré jusqu'à la seconde guerre mondiale, parce que dans les dernières décennies de la IIIe République sont apparus des patrons de presse qui étaient en même temps des industriels, (Parfumeur Coty ; Sucrier Prouvost). La presse a été accusée d'être aux mains des puissances d'argent et d'exercer ainsi une influence néfaste sur l'opinion publique. La Libération a été l'occasion d'un bouleversement du paysage de la presse française que certains ont considéré comme une véritable spoliation. L'ordonnance du 26 août 1944 a interdit la publication de tous les périodiques ayant paru sous l'occupation. L'ordonnance du 30 septembre 1944 interdisait la reparution des quotidiens qui avaient continué à paraître en zone Nord après le 25 juin 1940 et en zone Sud après le 26 novembre 1942. Les dates étaient quelque peu arbitraires, mais cela permit de supprimer Le Temps et de conserver Le Figaro. Deux exceptions eurent lieu en faveur de La Croix à laquelle tenait beaucoup le MRP et de La Montagne à laquelle étaient attachés les socialistes.

L'ordonnance du 26 août 1944, texte qui devait être provisoire en attendant un véritable statut, visait à la transparence. Dans chaque numéro devaient être indiqués les noms du directeur et des copropriétaires ainsi que des membres du conseil d'administration. Tous les trois mois, la liste complète des propriétaires ou des cent associés les plus importants et la liste complète des rédacteurs devaient paraître. Enfin, tous les ans devait être rendu public le compte d'exploitation et le bilan de la publication. On souhaitait tendre à l'indépendance économique. Dans le cas d'une société par actions, les actions devaient être nominatives et tout transfert agréé par le conseil d'administration. Le directeur remplaçait le gérant de la loi de 1881 qui n'était souvent qu'un prête-nom. Il devait être détenteur de la majorité du capital ou, si la majorité n'appartenait pas à une personne physique, président du Conseil d'administration. Ce statut ne fut pas appliqué. Les décrets d'application ne furent pas pris. En outre il était par trop contraignant.

ii) Le statut face à l'alternance

Les efforts pour mettre en place, notamment à travers l'entreprise de presse, une presse libre des puissances d'argent furent un remarquable échec. Les concentrations ont continué et la presse libre, indépendante, n'aura été qu'un rêve. Les socialistes ont tenté de modifier cette situation à la faveur de la loi du 23 octobre 1984. Le Conseil constitutionnel devait en réduire sensiblement la portée intuitu personae en sanctionnant le caractère rétroactif de la loi (CC 84.181 DC 10 et 11 octobre 1984, Entreprises de presse, GDCC n° 36). Mais, cette loi ne devait pas rester en l'état à la faveur de l'alternance de 1986 puisque la droite élaborait un nouveau texte, la loi du 1er août 1986, malmenée à son tour par le Conseil constitutionnel (CC 86.210 DC 29 juillet 1986 ; RDP 1989.399 chr. L. Favoreu ; AJDA 1986.527 note G. Pépy) et qui fut modifiée par la loi du 27 novembre 1986. Depuis lors la situation juridique est restée stable. L'intérêt de cette nouvelle approche est de s'intéresser au lecteur. « Les lecteurs... sont au nombre des destinataires essentiels de la liberté proclamée par l'article 11 de la Déclaration de 1789 » (CC 29 juillet 1986 précité). La loi s'applique aux entreprises éditrices qui peuvent être une personne physique ou morale ou un groupement de droit éditant, en tant que propriétaire ou locataire, une publication de presse, cette dernière se caractérisant par son mode écrit et par sa périodicité (à intervalles réguliers). L'objectif de la loi est essentiellement double et vise à assurer la transparence et le pluralisme. A cet effet la loi de 1984 avait créé une Commission, pour la transparence et le pluralisme. Elle comprenait trois personnalités désignées par le Président de la République, le Président du Sénat et celui de l'Assemblée nationale et trois personnalités désignées par le Conseil d'État, la Cour de cassation et la Cour des comptes. Elle était présidée par l'ancien sénateur Henri Caillavet. Son rôle était d'apprécier l'acquisition de la propriété ou du contrôle d'une entreprise de presse – qui doit faire l'objet d'une déclaration –, si elle respecte la règle du pluralisme. Elle pouvait interdire ou limiter l'opération. La Commission pouvait engager des poursuites contre toute entreprise ou groupe qui contrevenait à la loi. En revanche le Conseil constitutionnel s'était opposé à son pouvoir de sanction.

- Transparence

La transparence est assurée par le fait que les prête-noms sont interdits et que dans l'hypothèse où l'entreprise est une société par actions, ces actions doivent être nominatives, leur transfert devant être autorisé par le Conseil d'administration. Si le transfert conduit à céder plus du tiers du capital ou des droits de vote, l'entreprise est tenue d'en informer les lecteurs dans un délai d'un mois. De même tout transfert de la propriété ou de l'exploitation d'un titre doit également être rendu public dans les mêmes conditions. Chaque numéro devra avoir une sorte de fiche signalétique qui indiquera le propriétaire ou copropriétaire et s'il s'agit d'une personne morale, sa dénomination ou raison sociale, son siège social, sa forme et le nom du représentant légal et des trois principaux associés. En outre toute publication devra comporter le nom du directeur de la publication et du responsable de la rédaction. Si le directeur de la publication jouit de l'immunité parlementaire, il devra désigner un codirecteur afin d'éviter un abus de l'immunité parlementaire comme cela s'était produit au début de la IVe République, lorsque les publications communistes mettaient systématiquement un parlementaire comme directeur.

On peut penser que ces mesures visant à la transparence, proches de celles posées en 1944 connaîtront le même destin.

La méfiance est également très forte à l'égard de l'étranger puisque non seulement il est interdit à l'entreprise éditrice ou ses collaborateurs de recevoir des fonds ou avantages d'un gouvernement étranger, mais également les étrangers ne peuvent acquérir plus de vingt pour cent d'une entreprise de presse éditant une publication de langue française, sous réserve de nos engagements internationaux, sans quoi une telle disposition n'eut guère été compatible avec le traite de Rome, ce qui réduit quelque peu la portée de la loi.

- Pluralisme

Ce concept est fort. Il est « une des conditions de la démocratie » (CC 86-217 DC 18 septembre 1986 précité). En 1990, le Conseil a même affirmé que c'était un « fondement de la démocratie » (CC

89-271 DC 11 janvier 1990, dépenses électorales RFDC 1990.332 Chr. A. Roux).

Les dispositions les plus controversées ont certainement été celles relatives au pluralisme et qui visaient à porter atteinte, puis à favoriser le groupe Hersant. Elles ont dû être revues dans un sens plus strict à la suite de l'intervention du Conseil constitutionnel. Il est interdit d'acquérir, de prendre le contrôle (notion qui n'existait pas en 1944 et qui vise à plus de réalisme) ou la prise d'une location-gérance d'une publication quotidienne lorsque ceci a pour effet de permettre à une personne physique ou morale ou à un groupe de personnes physiques ou morales de contrôler plus de 30 % de la diffusion sur le territoire national des publications quotidiennes de même nature.

La loi du 27 novembre 1986 a étendu ces prohibitions à l'ensemble des médias puisqu'elle interdit à une personne possédant un ou plusieurs quotidiens représentant plus de 20 % de la diffusion totale sur le territoire national de publications de même nature, d'être titulaire d'une autorisation relative à un service de radiodiffusion ou de télévision ou à un réseau câblé.

b) de l'information au lecteur

Pour que la publication finisse entre les mains du lecteur plusieurs opérations complexes sont nécessaires.

i) Collecte des informations

L'étape première de ces opérations devant conduire à l'ouvrage de presse entre les mains du lecteur est la collecte des informations.

• Le droit à l'information

Elle pose un problème plus général : la liberté de l'accès à l'information. La loi du 17 juillet 1978 sur l'accès aux documents administratifs due à une initiative parlementaire a tenté d'apporter une solution. L'idée a été complétée par la loi du 3 janvier 1979 sur les archives et les articles 26 et 27 de la loi du 13 juillet 1985 portant droits et obligations des fonctionnaires. Tout cela s'inscrit dans l'idée de « démocratie administrative » marquée par de nombreuses autres lois (motivation des actes administratifs (11 juillet 1979), enquêtes publiques (12 juillet 1983), informatique et libertés (6 janvier 1978). Avant 1978 le principe était celui du secret administratif (CE, Ass. 18 novembre 1949 Carlier Rec. 490 S, 1950 III 49 note R. Drago ; RDP 1950.172 concl. Gazier, note M. Waline). On connaissait quelques exceptions (art. L. 121-19 du Code des communes ; loi de 1907 sur la communication du dossier). La loi sur l'accès aux documents administratifs pose le principe du droit de toute personne à l'information, de la liberté d'accès aux documents de caractère non nominatif. Le mode d'accès est la consultation gratuite sur place ou la délivrance de copies en un seul exemplaire, aux frais de la personne qui les sollicite (cf. C.A.D.A, Guide de l'accès aux documents administratifs, Documentation française). La loi envisage certaines possibilités de refus (art. 6). En cas de refus de l'administration, celui-ci est notifié au demandeur sous forme de décision écrite motivée. En cas de défaut de réponse pendant deux mois ou en cas de refus, l'intéressé sollicite l'avis de la Commission d'accès aux documents administratifs qui est donné dans un délai d'un mois. Dans les deux mois de réception de l'avis, l'autorité compétente est tenue d'informer l'intéressé de la suite donnée. Un recours contentieux est possible devant le juge administratif qui statue dans les six mois. (cf. la saga Bertin par ex. CE Ass., 19 mai 1983 Bertin, RDP 1983.1086 concl. Denoix de Saint-Marc ; D. 1983.546 note Maisl et Weiner ; 30 septembre 1991 Assoc. SOS Défense et Bertin Rec. Somm. 949 ; 27 mars 1991 Bertin Rec. Somm. 1144).

En Suède le régime d'accès du public aux informations administratives existe depuis 1766. Il est incorporé dans les lois fondamentales et constitue une partie de la loi sur la presse. Le principe est que tous les documents sont publics sauf cas particulier. Les restrictions sont bien énumérées (7 cas). En Finlande existe une loi sur le caractère public des documents officiels depuis 1951. Au Danemark et en Norvège, la question a été réglée en 1970. Aux USA elle fait l'objet de la loi du 4 juillet 1966 sur la liberté d'information (Freedom of Information Act) et correspond à une tradition d'ouverture gouvernementale. Déjà le principe avait été posé en 1946 mais mal appliqué. La loi de 1966 a mis en place un système à la suédoise mais avec de nombreuses exceptions. Les administrations doivent prouver pourquoi elles refusent. Le document ne doit pas être désigné précisément mais « reasonably described ». (En Allemagne voir la loi du 25 mai 1976. Aux Pays-Bas, la loi sur l'administration de novembre 1968 et le principe de la transparence administrative ont été constitutionnalisés en 1983).

En France la CADA publie un rapport annuel d'activité. Dans 90 % des cas l'administration suit la CADA. On peut soulever un problème qui est celui du coût. Ainsi on considère que le prix d'une photocopie fixé à 4 F dans une commune rurale n'est pas excessif...

• Les agences de presse

La collecte des informations, d'où quelles émanent est mal connue et pourtant la question est capitale puisque la plupart des informations diffusées par un quotidien ne sont pas le résultat d'un travail original de l'entreprise de presse, mais la publication d'informations fournies par les agences de presse, c'est-à-dire des *« organismes privés qui fournissent aux journaux et périodiques, des articles, informations, reportages, photographies et tous autres éléments et rédaction »* selon la définition donnée par l'ordonnance du 2 novembre 1945. Les agences exercent un quasi monopole dans un grand nombre de domaines, parce que la collecte de l'information a un coût et qu'une entreprise de presse ne peut l'assurer à elle seule. Mais celui qui dispose de cet instrument de collecte détient une puissance considérable. C'est ce qu'ont voulu mettre en évidence les pays en voie de développement en réclamant un Nouvel Ordre Mondial de l'Information et de la Communication (NOMIC). Il n'y a que très peu d'agences de presse à vocation mondiale. Depuis les difficultés financières de UPI (United Press International) on peut estimer qu'il n'y a plus que quatre agences mondiales généralistes : Reuter, plus intéressée par les informations financières où elle est leader, Associated Press, agence américaine, ITAR-Press issue d'une restructuration de la très soviétique agence TASS et enfin l'Agence France-Presse (AFP) successeur de l'Agence Havas (ordonnance du 10 septembre 1944).

Cette dernière, en tant qu'héritière de l'agence Havas peut être considérée comme la fondatrice de ce système depuis que Charles Havas avait installé son bureau face au bureau de poste principal de Paris. A côté de ces agences mondiales existent d'autres agences spécialisées, par exemple dans le domaine du sport, des loisirs, des bandes dessinées (Opera Mundi) ou des photographies (Gamma, Sygma, Magnum). Le régime juridique des agences de presse a été fixé par l'ordonnance du 2 novembre 1945, modifiée par la loi du 19 octobre 1970, et reste soumis à un système préventif, les agences de presse devant être inscrites sur une liste établie sur la proposition d'une commission, qui a cependant compétence liée dès lors que l'organisme remplit les conditions prévues par la loi. L'agence de presse doit faire l'objet d'une autorisation préalable. Les dispositions de la loi du 1er août 1986 relatives à la transparence de la presse s'appliquent aux agences de presse. Il s'agit d'une réglementation provisoire... toujours en vigueur, et qui interdit à ces agences soumises à un régime d'autorisation préalable, de se livrer à la publicité et de fournir gratuitement des informations.

Le régime de l'Agence France-Presse a enfin été fixé par la loi du 10 janvier 1957 après bien des vicissitudes. Les pouvoirs publics y ont toujours accordé beaucoup d'attention. Et le problème de ses liens avec le gouvernement a posé celui de sa crédibilité, notamment auprès de la presse anglo-saxonne. Son histoire a été très agitée (CE, S, 24 juin 1949 Nègre et CE 20 janvier 1956 Nègre, D. 1957.319, concl. Guionin) Avec Jean Marin elle a retrouvé crédibilité et stabilité mais le départ de celui-ci a ramené l'agence vers l'instabilité et les turbulences. L'élection surprise de M. Jean Miot le 3 février 1996 en a apporté l'illustration.

ii) Les journalistes

Même si parfois la publication se contente de publier telle quelle la dépêche d'agence reçue, le rôle des journalistes sera bien évidemment essentiel et leur statut a pris une importance particulière. C'est le Code du Travail, dans son article 761-2 qui donne une définition du journaliste, à savoir celui qui collabore régulièrement à une ou plusieurs publications ou agences de presse. Il s'applique aussi aux « pigistes » sous réserve que les « piges » constituent l'essentiel de leurs ressources. Quatre éléments définissent le journaliste. Il s'agit d'abord d'une occupation principale, régulière et rétribuée de l'intéressé. Le journaliste doit ensuite tirer de sa profession le principal des ressources nécessaires à son existence. Pour le Conseil d'État c'est au moins le SMIC. C'est en outre un travail pour une publication quotidienne ou périodique. Enfin, la publication doit être française ou éditée en France. La loi de 1984 avait imposé l'obligation pour un quotidien d'avoir sa propre équipe rédactionnelle de journalistes professionnels indépendants.

Une carte d'identité professionnelle a été créée en 1935 (art. L. 761-15 et 16 du Code du Travail). Elle est attribuée par la Commission de la Carte d'identité professionnelle (paritaire : sept directeurs de journaux et sept journalistes professionnels) Appel est possible de ses décisions devant la Commission supérieure composée de trois magistrats, un représentant des directeurs, un représentant des journalistes. Les décisions peuvent être attaquées devant le juge administratif.

Le caractère le plus original du statut du journaliste réside essentiellement dans l'existence de la clause de conscience. Sans doute la résiliation du contrat est possible (art. L. 761-4) La durée du préavis est de un mois si le contrat a reçu exécution pendant une durée de moins de trois ans et de deux mois s'il l'a été plus de trois ans. Si la rupture est du fait de l'employeur et que le contrat a reçu exécution pendant plus de deux ans et moins de trois ans, le préavis est de deux mois. Si le congédiement provient de l'employeur, l'indemnité est de un mois par année de collaboration, le maximum étant de 15. Si cela excède 15 années, une commission arbitrale intervient. La clause de conscience est issue de la loi du 29 mars 1935 (article 761-7 du Code du Travail) et permet à un journaliste de démissionner, tout en bénéficiant de ses indemnités de licenciement en cas de cession du journal, de cessation de la publication, ou, notion plus difficile à cerner, en cas de « changement notable dans le caractère ou l'orientation », incompatible avec l'honneur, la réputation ou les intérêts moraux du journaliste. Cela ne concerne que le journaliste, et non l'écrivain et son éditeur (Soc. 9 novembre 1961, Soc. anon. mondiale Publications, Dr. Soc. 1962.564 Chr. J. Savatier JCP 1962 II 12433).

L'importance des journalistes s'est faite jour lorsqu'à la suite de la grave crise qu'a connu le Monde en 1951 a été créée la première société de rédacteurs. A la suite d'un désaccord entre le journal soutenu par Hubert Beuve-Méry, et MM. Courtin et Funck-Brentano possesseurs de parts de la société, Beuve-Méry démissionna. Les rédacteurs se solidarisèrent avec lui. Le conflit aboutit à la création d'une société de rédacteurs créée le 27 octobre 1951 détenant 28 % des parts puis 40 % en 1968. Aujourd'hui cela représente 36,2 % du capital. La formule a été reprise ailleurs avec plus ou moins de succès.

iii) Fabrication

Lorsque l'opération intellectuelle sera réalisée interviendra la fabrication de l'ouvrage de presse, à laquelle le journaliste, en raison des nouvelles techniques de composition, va participer de plus en plus. Cependant cette opération reste soumise à certains aspects particuliers en France et qui résident dans un monopole exercé par le Syndicat du Livre. Certaines entreprises de presse ont réussi à s'en abstraire, au prix de crises particulièrement graves comme celle que connut le Parisien libéré en 1975-1977.

iv) Diffusion

Une fois l'ouvrage de presse fabriqué, il faudra le diffuser. Des techniques extrêmement variées peuvent exister. S'agissant des publications périodiques la diffusion peut se faire par abonnement, portage à domicile, achat à un kiosque ou à un dépositaire, don ou prêt, etc. En fait il y a deux grands types : la diffusion au numéro et la diffusion par abonnement.

En ce qui concerne la diffusion au numéro, elle peut tout d'abord être organisée par l'entreprise elle-même ce qui est le cas de la presse de province assez souvent ou dans certains pays étrangers comme la RFA ou les États Unis. Elle peut aussi être organisée par des sociétés de groupage. La loi du 2 avril 1947 fut élaborée contre le monopole de Hachette qui dans le passé avait permis l'élimination de certains quotidiens. Elle affirme le principe de la libre diffusion de la presse imprimée. La diffusion est faite par des « sociétés coopératives de messageries de presse » qui peuvent confier cette tâche à une entreprise commerciale... ce qui a permis à Hachette de rétablir son influence, avec la création des Nouvelles Messageries de la Presse parisienne qui est une organisation technique très développée qui conduit à une diffusion selon une organisation arborescente. Enfin la diffusion peut être faite par colportage. C'est aujourd'hui le mode de la presse militante alors qu'au XIXe siècle cette forme était importante ce qui explique les longs développements de la loi de 1881 consacrés à cette technique. Le colportage doit être discret (cf. loi du 19 mars 1889 relative aux annonces sur la voie publique : annonce seulement par le titre, le prix, l'indication de l'opinion, les noms des auteurs et des rédacteurs). L'exercice du colportage est soumis à une déclaration à la préfecture ou sous-préfecture ou mairie. C'est une simple déclaration. Un récépissé est délivré immédiatement. Cela ne concerne que le colportage professionnel. Il n'y a pas de déclaration pour le colportage accidentel. Mais le colportage peut être interdit par l'autorité de police administrative notamment à proximité de certains lieux (CE 30 novembre 1928 Pénicaud et Cie nouvelle des Chalets de commodité DH 1929.39 ; 25 juillet 1930 De Kervanoel, DH 1930.497 ; 23 octobre 1936, Union parisienne de syndicats de l'Imprimerie DH 1937.6) mais il ne doit pas y avoir d'interdiction trop large (CE 30 novembre 1928 précité ; Crim. 12 juillet 1934 Chantecaille Bull. n° 138 ; GP 1934 V 505 ; CE 23 octobre 1936 précité ; Crim. 6 décembre 1956 Aymé et autres Bull. n° 821). En fait certaines mesures plus subtiles peuvent porter atteinte à la liberté du colportage comme le harcèlement par des interpellations constantes des colporteurs.

L'autre grand mode de diffusion est la diffusion par abonnement. C'est capital pour les publications car cela évite le « bouillonnage ». En outre il y a un grand intérêt financier car le lecteur fait une avance. Enfin cela fidélise le lecteur. L'inconvénient est d'être sous la menace des grèves des postes ou des transports. Une autre variante de l'abonnement est le portage à domicile. Peu pratiqué en France, il est très répandu en Alsace ou dans les pays anglo-saxons, où il est le « job » traditionnel des lycéens ou étudiants.

c) L'aide à la presse

Il s'agit d'une question sur laquelle une intense réflexion est engagée depuis de nombreuses années ainsi qu'en témoignent les divers rapports publiés (Serisé, 1972 ; Vedel 1979 ; Laurent 1980 ; Cour des comptes 1985 ainsi que les rapports parlementaires Cluzel 1992, 1994 ; Péricard 1992). Les problèmes d'adéquation aux règles communautaires sont devenus plus aigus (problème de la régulation tarifaire des prestataires publics de service, taux de TVA). Cette aide est importante : 7 milliards de francs en 1994.

En raison de son lien étroit avec la liberté de l'esprit, la presse ne peut être considérée comme une industrie ordinaire et cela explique qu'elle bénéficie d'un certain nombre d'aides, certaines directes, d'autres indirectes. L'aide à la presse (cf. André Santini, l'État et la presse, Litec, 1991) n'est pas chose aisée car le risque de discrimination est très grand. De plus cette aide manque de cohérence. En outre elle est peu compatible avec des principes de libéralisme économique et à la limite de certaines règles communautaires.

Un rôle important est joué par la Commission paritaire des publications et agences de presse pour l'accès à cette aide. La CPPAP vérifie la situation des publications au regard des articles 72 et 73 de l'annexe III du CGI et D 18 et s. du Code des P et T. La Commission examine si la publication répond à la qualification de « journal ou périodique » (cf. CE, S, 27 mai 1994 CNRS, AJDA 1994.568 : le Bulletin officiel du CNRS ne présentait pas un « intérêt général » pour la Commission paritaire car il y avait surtout des informations sur la vie interne de l'établissement. Le Conseil d'État a censuré la décision). La Commission examine si la publication correspond aux diverses conditions à savoir comporter au moins un tiers d'informations ayant un caractère d'intérêt général, paraître au moins une fois par trimestre, être habituellement offerte au public à un prix marqué ou par abonnement, ne pas avoir plus de deux tiers de surface publicitaire. En outre un régime dérogatoire existe pour les publications politiques, les conditions étant d'avoir pour objet réel et essentiel de soutenir une candidature à un mandat électoral ou de témoigner de l'engagement politique d'un homme, d'un groupe, d'un parti ou d'exprimer une pensée ou une doctrine politique ou de traiter l'actualité d'une manière subjective ou l'accompagnement de propositions à caractère politique, avoir un contenu qui doit présenter un apport rédactionnel sous forme d'articles variés, ne pas être assimilables à des tracts, convocations ou invitations à des assemblées, « professions de foi » du candidat, lettres personnalisées, ne pas avoir plus de 20 % de publicité (JO AN Rép. Min. Communication à QE n° 20221 J.L. Masson, JO AN 16 janvier 1995 p. 299). Certains critères sont fixés pour y être admis. Ils sont énumérés par la loi. L'ensemble de l'aide correspond à 10 % du chiffre d'affaires des entreprises de presse. La presse française est plus aidée que dans les pays comparables. Traditionnellement, on distingue l'aide directe et l'aide indirecte.

i) Aide directe

S'élevant à 267,8 millions de francs dans la loi de finances pour 1996, elle est constitué par le remboursement aux Télécommunications d'une partie des dépenses téléphoniques (30,6 M de F), le remboursement à la SNCF d'une partie des dépenses du transport des journaux (140,4 M de F), le fonds d'aide à l'expansion à l'étranger (36,9 M de F), l'aide aux quotidiens nationaux à faible ressources publicitaires (19,3 M de F) institué en 1982 et bénéficiant à La Croix, l'Humanité, Présent, l'aide aux quotidiens régionaux à faibles ressources de petites annonces (8,01 M de F) et depuis cette année, l'aide à la diffusion de la presse hebdomadaire régionale (5,0) la contribution au plan social de la presse parisienne (25,0) et l'aide au portage (2,4).

ii) Aide indirecte

C'est l'aide essentielle. Elle consiste en un manque à gagner par suite d'exonérations diverses. (6,6 Mds de F en 1994). Il s'agit des tarifs postaux préférentiels (2,6 Mds de F) pour lesquels l'éditeur ne paie qu'un tiers du coût réel et de la contribution au budget général (1,9 Md) l'allégement de la TVA (2,1 % sauf pour les revues pornographiques ou violentes : 18,6 %) (1,1 Md), la dispense de l'impôt sur les bénéfices pour provisions faites pour investissements (art. 39 bis CGI), (230 millions de F) et l'exonération de la taxe professionnelle (1 Md de F).

Le 12 juillet 1994 M. Alain Carignon, ministre de la Communication avait mis en place 4 groupes de travail « sur l'avenir de la presse écrite ». Le 20 avril 1995, M. Nicolas Sarkozy avait présenté dix mesures d'aide à la presse. Son projet visait trois volets : la distribution, le pluralisme et l'allégement des coûts d'exploitation. Deux réformes étaient abandonnées : celle de l'article 39 bis CGI (il faudrait l'adapter ou modifier l'assiette) et celle d'une aide exceptionnelle aux éditeurs pour compenser la baisse du prix du papier. Ce plan de 280 M de F n'a bien sûr pas été mis en place. Mais il a été réexaminé par M. Juppé le 30 août 1995 (cf. Le Monde 31 août 1995).

4. Convention européenne des droits de l'Homme et liberté d'expression

L'une des premières affaires examinées par la Cour de Strasbourg intéressait la liberté de l'esprit. L'affaire De Becker (CEDH 27 mars 1962 De Becker c/ Belgique, B n° 127) concernait un journaliste belge condamné par un tribunal pour collaboration avec l'occupant pendant la seconde guerre mondiale. Certaines déchéances étaient liées à sa condamnation, entre autres l'interdiction de participer à un titre quelconque à l'exploitation, l'administration, la rédaction, l'impression, la diffusion d'un journal ou de toute publication. La commission concluait à la violation de la liberté d'expression car elle privait de liberté d'expression dans les matières autres que politique. Cela n'apparaissait pas nécessaire au titre de l'article 10 § 2 de la Convention (cf. Pelloux, AFDI 1962.330s). La Cour pour « des raisons de politique jurisprudentielle » (p. 342) a rayé l'affaire du rôle, De Becker s'étant désisté.

L'affaire Handyside c/ Royaume Uni (CEDH 7 décembre 1976) avait trait à la saisie d'un ouvrage obscène. Cette affaire concernait la publication du « Petit livre rouge à l'usage des écoliers » de Sven Hansen et Jesper Jansen. L'ouvrage avait été saisi sur le fondement des lois britanniques sur les publications obscènes de 1959 et 1964 les 31 mars et 1er avril 1971. Une édition révisée paraissait le 15 novembre 1971 sans poursuites. La cour a estimé que les conditions permettant l'intervention des autorités étaient justifiées puisqu'elles étaient prévues par la loi ; elles avaient pour but de protéger la morale des jeunes, et l'article 10 § 2 accorde aux États une marge d'appréciation pour décider ce qui est nécessaire à la protection de la morale car il n'y a pas de notion européenne uniforme de la morale. Mais la restriction doit être proportionnée. Pour la Cour, (10 voix contre 1) il n'y avait pas de violation de l'article 10.

L'affaire Sunday Times c/ Royaume Uni (CEDH 26 avril 1979, B n° 128) était beaucoup plus délicate. Elle concernait l'interdiction d'un article sur le médicament Thalidomide et la restriction au droit de commenter un procès civil. Ces articles constituaient un « contempt of court » selon l'Attorney général. En appel la décision avait été réformée mais la Chambre des Lords avait rétabli l'interdiction à l'unanimité. Le « contempt of court » était établi pour elle car cela conduirait le public à préjuger du résultat de la procédure judiciaire. Pour la Cour européenne, l'ingérence dans la liberté d'expression, doit remplir trois conditions. Est-elle prévue par la loi ? Oui pour la Cour. La notion de loi est à la fois le droit écrit et le droit non écrit. Peu importe que l'infraction soit créée par la common law et non par une règle écrite. Le but est-il légitime ? Oui pour la Cour. Il s'agit de « garantir l'autorité du pouvoir judiciaire ». Est-ce nécessaire pour atteindre ce but dans une société démocratique ? Non, pour la Cour. Par 11 voix contre 9 la Cour considéra que l'ingérence ne correspondait pas à un besoin social assez impérieux pour primer l'intérêt public. Elle n'était ni proportionnée au but légitime poursuivi ni nécessaire dans une société démocratique pour garantir l'autorité du pouvoir judiciaire.

L'arrêt Lingens c/ Autriche (CEDH 8 juillet 1986, B n° 130) portait sur une condamnation pour diffamation envers le chancelier Bruno Kreisky. La Cour a jugé qu'il y avait violation de l'article 10 car la peine était très proche d'une censure pour ne pas inciter à critiquer les autorités. Elle était disproportionnée (cf. aussi CEDH 26 avril 1995, Prager et Oberschlick c/ Autriche, AJDA 1995.736 Chr. J.F. Flauss).

Dans l'affaire Sadik Ahmet c/ Grèce (mai 1995) la Commission a conclu à la violation à propos de la condamnation d'un dirigeant politique de la minorité musulmane de Thrace occidentale pour atteinte à l'ordre public, celui-ci ayant distribué, durant la campagne électorale de 1989, des tracts appelant « turque » la population musulmane de la région.

Les institutions de la convention se sont aussi intéressées à la protection des sources qui doit « permettre à la presse de remplir son importante fonction de « chien de garde » dans une société démocratique ». Les contraintes doivent être limitées à des circonstances exceptionnelles (Comm. 1er mars 1994 W. Goodwin c/ Roy. Uni, AJDA 1995.217 Chr. J.F. Flauss ; dans son arrêt rendu le 27 mars 1996, la Cour considère la protection des sources comme « l'une des pierres angulaires de la presse »). Le libéralisme de la Cour peut parfois aller très loin comme en témoigne la troublante décision Jersild c/ Danemark (CEDH 23 septembre 1994) permettant des propos racistes.

B – LA LIBERTÉ DE LA COMMUNICATION AUDIOVISUELLE

Dernière venue des libertés de l'esprit, la liberté de communication audiovisuelle n'a été affirmée que récemment, et encore ne l'a-t-elle été que dans une mesure limitée, en raison notamment, mais pas exclusivement, de la rareté des fréquences. La communication audiovisuelle est toute mise à disposition du public ou de catégorie de public, par un procédé de télécommunication (*« on entend par télécommunication toute transmission, émission ou réception de signes, de signaux, d'écrits, d'images, de sons ou de renseignements de toute nature par fil, optique, radio-électricité ou autres signes électromagnétiques* »), de signes, de signaux, d'écrits, d'images, de sons ou de messages de toute nature qui n'ont pas le caractère d'une correspondance privée (Loi du 30 septembre 1986, article 2 al. 1 et Code des P et T, art. L. 32-1 n). Cette liberté (CC 82.141 DC 27 juillet 1982 ; RDP 1983.333 chr. Favoreu) n'est « ni générale, ni absolue ». Elle ne peut exister que « dans le cadre d'une réglementation instituée par la loi ». Que la liberté de la radiodiffusion et de la télévision relève des libertés publiques, c'est une certitude depuis que le Conseil constitutionnel a affirmé dès 1964 (CC 64.27 L. 17 et 19 mars 1964 ; RDP 1964.1125 note M. Bouyssou ; D. 1965.189 note L. Hamon) que « la radiodiffusion télévision française intéresse une des libertés publiques dont les garanties fondamentales relèvent de l'article 34 ». Il appartient au législateur de fixer les règles de création (dont les règles constitutives), les rapports radio-télévision-État et les règles qui fixent le cadre général de l'organisation et du fonctionnement. En revanche, si l'on se réfère au régime juridique admis à cet égard par le Conseil constitutionnel, force est de constater qu'il ne peut s'agir d'une liberté fondamentale.

1. Du monopole à la liberté

a) La négation de la liberté

Déjà, le décret des 23-30 juillet 1793 affirmait le monopole des correspondances par signaux. Ce monopole fut réaffirmé par les lois des 2 et 6 mai 1837 et le décret-loi du 27 décembre 1851. Les décrets des 7 février 1903 et 5 mars 1907 étendaient à la radio, le monopole de l'État existant depuis 1793. C'est en 1921 qu'eut lieu en France la première transmission par radiodiffusion et la loi du 30 juin 1923 venait en fixer le statut. Le monopole était le régime retenu, par assimilation au décret-loi de 1851. On essaie de calquer le régime sur celui des médias les plus récents : le télégraphe, le téléphone. Le rattachement est fait auprès du Ministère des PTT. Les émetteurs étaient autorisés par le Ministre des PTT. La loi du 30 juin 1923, tout en affirmant le monopole de l'« émission et réception des signaux radioélectriques de toute nature » permettait les stations privées. Une interprétation souple faisait que le monopole d'État n'empêchait pas l'autorisation d'exploitation à des personnes privées. Mais à partir de 1929, il n'y eut plus aucune autorisation nouvelle pour les stations privées. Il est intéressant, cependant, de constater que ce régime affirmait déjà la liberté de réception. La réglementation de l'entre-deux-guerres aboutissait à un régime dual où coexistaient réseau public et stations privées.

Le monopole de l'émission sera réaffirmé avec l'ordonnance du 23 mars 1945. Toutes les autorisations accordées aux postes privés seront révoquées. On a, là encore, une même volonté de rénovation, avec des motivations différentes de celles affirmées pour la liberté de la presse. On retrouve l'autre dualité : liberté de réception, absence de liberté d'émission. La liberté de réception était difficile à refuser alors que l'on sait quel rôle avait pu jouer la radio pendant l'Occupation. En revanche l'absence de liberté d'émission conduisait à un monopole ou une exclusivité des pouvoirs publics. La radiodiffusion française nationale devenait la RDF (Radiodiffusion française) service en régie de l'État. Elle deviendra la Radiodiffusion télévision française en 1949.

Cette dernière dénomination est la conséquence du développement d'un nouveau média : la télévision. C'est le 26 avril 1935 que la première émission de télévision avait été diffusée par le poste de Paris PTT. Dès lors les principes dégagés pour la radiodiffusion trouvaient fatalement leur transposition pour la télévision. Cependant, l'ensemble du système n'était pas aussi simple et il comportait une certaine dose d'hypocrisie avec l'existence des stations de radiodiffusion dites périphériques, qui diffusaient sur le territoire français tout en émettant du Luxembourg, de Sarre, d'Andorre ou de Monaco, encore que dans ce dernier cas l'émetteur se trouvait sur le territoire français. L'hypocrisie était manifeste dans la mesure où, pour l'essentiel, ces stations étaient contrôlées par une société française, la Sofirad.

b) L'instabilité de la Ve République

La Ve République va lancer une vaste et longue période d'instabilité en ce qui concerne la réglementation relative à l'audiovisuel, témoignant ainsi que ce secteur était un enjeu essentiel de pouvoir. Chaque Président de la République imprimera sa marque à ce statut. L'ordonnance du 4 février 1959 faisait de la RTF un établissement public à caractère industriel et commercial, sous l'« autorité du Ministre de l'Information ». La loi du 27 juin 1964 en créant un Office de la Radiodiffusion et Télévision française maintenait ce caractère d'EPIC sous la « tutelle » du Ministre. Les événements de mai 1968 montrèrent les limites et les insuffisances de ce statut. Pourtant l'évolution, malgré quelques velléités libérales du gouvernement Chaban-Delmas ne fut guère notable. En 1968, la publicité de marque était admise. La loi du 3 juillet 1972, confirmait le monopole et l'ORTF conservait son caractère d'EPIC. Une petite innovation résidait dans l'instauration d'un droit de réponse. Cependant l'heure n'était pas à l'indépendance. Georges Pompidou n'affirmait-il pas que *« le journaliste de télévision n'est pas un journaliste comme un autre. C'est la voix de la France »* ?

Les transformations issues de la réforme de 1974 lancée par M. Giscard d'Estaing seront plus profondes. La loi du 8 juillet 1974, adoptée moins de deux mois après le début du nouveau septennat, faisait éclater l'ORTF en créant sept entités, à savoir, trois société nationales de télévision (Télévision Française 1 ; Antenne 2 ; France Régions 3), une société de radiodiffusion, (Radio France) un établissement de diffusion (TDF, Télédiffusion de France) ayant le caractère d'établissement public industriel et commercial, une société d'économie mixte, société de production (SFP, Société française de production et de création audiovisuelle) dans laquelle les capitaux publics étaient majoritaires et enfin l'Institut national de l'Audiovisuel (INA), établissement public industriel et commercial. S'il y avait un peu plus d'indépendance, ce n'était qu'en apparence car les présidents des différents organes étaient nommés en Conseil des Ministres. Le monopole était maintenu. Mais, celui-ci allait devoir affronter un autre phénomène, à savoir celui des radios dites libres.

c) *La fin du monopole*

La loi du 28 juillet 1978 réagissait en venant sanctionner les atteintes ou les violations du monopole. Parmi les poursuites qui seront intentées, on mentionnera celles contre la radio du Parti socialiste, Radio-Riposte avec l'inculpation de M. Mitterrand. Il était difficile à celui-ci, parvenu au pouvoir de maintenir le monopole.

La décennie 80 allait être marquée par une instabilité législative accompagnant l'alternance. Dans l'immédiat, la loi du 9 novembre 1981 autorisait des dérogations, et un régime transitoire permettait les radios privées. Celles-ci devaient être créées sous la forme d'association loi 1901. La publicité n'était pas permise ce qui était méconnaître certaines réalités.

La nouvelle construction législative relative à l'ensemble de l'audiovisuel était réalisée par la loi du 29 juillet 1982, dite loi Fillioud qui mettait à bas le monopole. Elle affirmait le principe de la libre communication. *« La communication audiovisuelle est libre »*. En outre la loi précisait, sur le plan des principes, que *« les citoyens ont droit à une communication audiovisuelle libre et pluraliste »*. L'objectif de la loi était vaste puisqu'il tentait d'appréhender l'ensemble de l'audiovisuel, incluant le cinéma. Le système du monopole était aboli pour les programmes, tandis que TDF conservait le monopole de la diffusion. Un organe régulateur, « clef de voûte du nouvel édifice audiovisuel » sous la forme d'une autorité administrative indépendante (l'idée d'une AAI avait été lancée dès 1970 dans le rapport Paye) dont les 9 membres étaient nommés sur le modèle du Conseil Constitutionnel, était créé : la Haute Autorité de l'Audiovisuel, sa présidence étant assurée par Mme Michèle Cotta. Le rôle de cette Haute autorité était de nommer les présidents des sociétés nationales de radio et de télévision. Elle avait un pouvoir de décision pour attribuer les fréquences radio. Un système dual était envisagé avec un secteur public où l'autonomie financière était réduite dans la mesure où la redevance était fixée par la loi de finances et la publicité était limitée, et un secteur privé avec d'une part des télévisions à caractère national soumises à un régime de concession de service public et d'autre part des télévisions locales, radios et services câblés soumis à une autorisation délivrée par la Haute Autorité pour les radios et par le Gouvernement pour les autres. Les radios devaient avoir le statut d'association loi 1901.

La loi du 1er août 1984 apportait des changements pour les radios qui pouvaient soit avoir le statut d'association, soit celui de société. En outre la publicité devenait possible, ce qui était sortir de l'angélisme initial. Les radios étaient soumises à un régime de déclaration préalable, tandis que la télévision relevait de la concession de service public. A la fin de la première législature socialiste, les premières concessions furent accordées à des institutions de droit privé (Canal +, la Cinq) dans des conditions discutées et discutables.

A son retour aux affaires, la droite voulut revoir le système mis en place, ce qui fut fait avec la loi du 30 septembre 1986 dite Loi Léotard. Sur certains points, elle était plus ambitieuse en affirmant la liberté de télécommunication. Le libéralisme économique était accru. Les contrats de la 5 et de la 6 étaient résiliés, mais la concession de Canal Plus était maintenue. L'idée de radio locale disparaissait et le principe des privatisations étendu, ce qui aboutira à la privatisation de TF1 qui, contre toute attente, sera accordée au groupe industriel Bouygues.

En 1987 la Haute Autorité était remplacée par une nouvelle institution, à la composition complexe et peu heureuse, la CNCL (Commission Nationale pour la Communication et les libertés). Elle comprenait deux membres désignés par le Président de la République, 2 par le Président de l'Assemblée Nationale, 2 par le Président du Sénat, 1 membre du Conseil d'État, 1 magistrat de la Cour de

Cassation, un magistrat de la Cour des comptes, un membre de l'Académie française, une personnalité qualifiée dans le secteur de la création audiovisuelle, des télécommunications et de la presse écrite, soit treize personnes. La composition essayait de s'inspirer de celle de la CNIL. Elle fut présidée par M. Gabriel de Broglie, qui était déjà membre du CSA.

Le retour au pouvoir de la gauche devait encore une fois entraîner des modifications qui, cette fois-ci, ne furent pas aussi fondamentales, l'apaisement étant recherché. et de fait, depuis la loi du 17 janvier 1989, malgré quelques modifications comme la loi du 29 décembre 1990 et celle du 1er février 1994 dite loi Carignon (cf. J. Morange, la réforme de la communication audiovisuelle, RFDA 1994. 1170 et Chr. B. Delcros et J. Roger, in AJDA 1994.305) qui créée deux nouvelles chaînes – un canal parlementaire pour les débats des assemblées et la chaîne du savoir sur les vestiges de l'ex-5 – et atténue les différences entre secteur public et secteur privé, c'est la stabilité qui a été de mise. Le nouveau texte revient à la seule liberté de la communication audiovisuelle. *« La communication audiovisuelle est libre »*. La CNCL a été supprimée (« La CNCL n'a rien fait jusqu'ici qui puisse mériter ce sentiment qu'on appelle le respect » F. Mitterrand) et remplacée par le Conseil supérieur de l'Audiovisuel qui revient au système de la Haute Autorité. Par rapport à 1986 ce n'est pas une rupture, mais plutôt une atténuation. On affirme la domanialité de l'espace hertzien. Ces nouvelles dispositions ont été complétées par la loi du 29 décembre 1990 sur la réglementation des télécommunications et la loi du 1er février 1994 (loi Carignon) qui libéralise en les assouplissant, les contraintes des opérateurs privés et institue la chaîne éducative.

La liberté totale n'est plus possible quant à l'organisation en raison des contraintes de l'environnement international et communautaire (sur la situation des télévisions en Europe, cf. S. Regours, Télévision et décentralisation, Petites affiches, 16 février 1994 n° 20, p. 22. Sur le plan de la communication CJCE Elleniki Radiophonia Tileorassi Anonimi Etairia, Aff. C 260/89 qui précise les conditions admissibles du monopole télévisuel, cf. Dr. adm. 1991 n° 425 et Directive 3 octobre 1989, JOCE 17 octobre 1989 ; JCP 1989 III 63241 sur la coordination de certaines dispositions législatives, réglementaires et administratives des États membres relatives à l'exercice d'activités de radiodiffusion télévisuelle). (Dans le cadre du Conseil de l'Europe : Convention européenne sur la télévision transfrontière du 5 mai 1989 que la France a ratifiée (JO 30 juin 1994, p. 9418).

2. Le système retenu

Les choses ne sont pas simples car il n'y a pas de vraies frontières entre audiovisuel, télécommunications et informatique. Il faudra peut-être réintégrer les autres secteurs pour aboutir à une harmonisation des vecteurs. En outre le système va être confronté aux autoroutes de l'information. Il n'en reste pas moins que la loi de 1986 modifiée en 1989 ne concerne que la radio et la télévision par voie hertzienne ou satellite et le câble. Le critère de distinction important est le public. Il est « indéterminé » ou il s'agit d'une « catégorie de public ». (cf. CE 29 mai 1991 Fédération nationale des radiorépondeurs ; JCP 1991 IV 348 obs. M.C. Rouault).

Nous sommes loin de la très large liberté qui prévaut pour la liberté de la presse, autre forme majeure de l'expression. Les raisons en sont les enjeux de cette liberté et aussi des raisons techniques, à savoir la rareté des ondes hertziennes. Le système mis en place est un système dual où coexistent un service public et des stations privées (auxquelles on ajoutera les stations périphériques).

La loi maintient le monopole de la diffusion en faveur de TDF (Société d'Economie mixte). La SFPCA (Société Française de Production et de Création Audiovisuelle, Société d'économie mixte) n'a pas de monopole de la production. Enfin, l'INA, EPIC est maintenu.

a) Le Conseil supérieur de l'audiovisuel

Le Conseil supérieur de l'audiovisuel est une « autorité indépendante », le qualificatif d'administratif ayant été gommé. En fait cet adjectif avait déjà été supprimé à l'égard du Médiateur avec la loi du 13 janvier 1989. (Sur le CSA, cf. J. Morange, le Conseil supérieur de l'Audiovisuel, RFDA 1989.235) Sa composition calquée sur celle du Conseil constitutionnel comprend trois membres nommés par le Président de la République, trois par le Président du Sénat et trois par le Président de l'Assemblée nationale. (Actuellement jusqu'en 1997 Mme Geneviève Guicheney, M. Roland Faure et Mme Monique Augé-Lafon ; jusqu'en 1999 : M. Georges-François Hirsch, Mme Monique Dagnaud, M. Philippe-Olivier Rousseau ; jusqu'en 2001 : MM. Hervé Bourges, président, Jean-Marie Cotteret et Philippe Labarde). Le Président est nommé par le Président de la République pour la durée de ses fonctions de membre de ce Conseil. Il a voix prépondérante. Cependant le mandat est plus réduit, mais le statut garantit l'indépendance. Les membres doivent avoir moins de 65 ans lors de leur nomination et les incompatibilités avec des fonctions électorales ou des responsabilités professionnelles sont absolues. Le budget du CSA est de 206 M de F et il emploie 224 personnes. Sa mission est de garantir l'exercice de la liberté de la communication audiovisuelle. Plutôt que de réglementation, sa mission est de régulation. Son rôle est à la fois consultatif et de décision.

Le Conseil exerce des attributions consultatives. Il est consulté sur la position de la France dans les négociations internationales par le Gouvernement, les présidents de l'Assemblée Nationale et du Sénat, des commissions parlementaires. Il est également consulté sur les cahiers des charges des sociétés et établissements relevant du secteur public et sur les décrets concernant la publicité par le Conseil de la concurrence. Il publie un rapport annuel. Mais il a aussi des pouvoirs de décision. Son pouvoir réglementaire a été réduit par rapport à ses devanciers. Il contrôle le respect de l'expression pluraliste des programmes des sociétés nationales (article 13), le respect des cahiers des charges. Il a un pouvoir d'injonction. Il contrôle la publicité (art. 19), fixe les règles du télé-achat (loi du 6 janvier 1988), veille à la protection de l'espace (art. 5), intervient en période électorale pour la campagne (art. 16).

Il nomme les présidents des sociétés nationales. A l'égard du secteur public, il attribue et retire les fréquences des organismes de service public.

Le CSA peut également ordonner l'insertion d'un communiqué dans un programme et peut saisir le parquet en cas d'infraction. Il peut saisir le président de la section du contentieux du Conseil d'État qui pourra ordonner sous astreinte à une société de se conformer à ses obligations.

Mais il ne dispose pas de pouvoir réglementaire (CE 13 janvier 1995 Société Télévision française 1 (TF1) AJDA 1995.406 concl. H. Toutee). Il attribue et retire les fréquences. A l'égard du secteur privé, il délivre les autorisations pour la radio et la télévision et les réseaux câblés et dispose d'un pouvoir de sanction. Il peut suspendre l'autorisation ou une partie du programme, retirer l'autorisation, infliger des sanctions pécuniaires lourdes allant jusqu'à 3 % du chiffre d'affaires et 5 % en cas de récidive.

Le Conseil assure l'égalité de traitement, garantit l'indépendance et l'impartialité du secteur public, favorise la libre concurrence, veille à la qualité et à la diversité des programmes, au développement de la production et de la création audiovisuelle, à la défense et illustration de la langue et de la culture françaises. Il peut formuler des propositions sur l'amélioration de la qualité des programmes.

b) La liberté et ses limites

L'article I affirme sans doute que *« la communication audiovisuelle est libre »*, mais il fixe les limites d'une liberté que le Conseil constitutionnel avait déjà précisées dans sa décision du 27 juillet 1982. Le législateur doit concilier la liberté avec les contraintes techniques et les objectifs de valeur constitutionnelle que sont la sauvegarde de l'ordre public, le respect de la liberté d'auteur, et la préservation du caractère pluraliste des courants d'expression socioculturels auxquels ces modes de communication, par leur influence considérable, sont susceptibles de porter atteinte.

La liberté de réception s'applique à l'égard des programmes hertziens. Mais on rencontre certaines limites avec les « chaînes cryptées » (cf. loi 10 juillet 1987 sur les décodeurs illicites, devenu art. 79-1 à 79-6 nouveau code pénal) et le câble. Cette liberté implique un « droit à l'antenne » (loi du 2 juillet 1966 modifiée par la loi du 29 décembre 1990 et la loi du 13 juillet 1992) dans les rapports locataires-propriétaires. La liberté de réception a un caractère universel (Directive 3 octobre 1989 art. 2-2 et conv. n° 132 Cons. Europe, art. 4).

La loi de 1986 précise dans son article I al. 2 les limites... des limites.

Le principe doit être celui du pluralisme qui est défini et développé dans la décision du Conseil constitutionnel du 18 septembre 1986 : « Le pluralisme des courants d'expression socioculturels est en lui-même un objectif de valeur constitutionnelle... le respect de ce pluralisme est une des conditions de la démocratie... la libre communication des pensées et des opinions ne serait pas effective si le public... n'était pas à même de disposer... de programmes qui garantissent l'expression de tendances de caractères différents dans le respect de l'impératif d'honnêteté de l'information,... les auditeurs et téléspectateurs (doivent être) à même d'exercer leur libre choix sans que ni les intérêts privés ni les pouvoirs publics puissent y substituer leurs propres décisions, ni qu'on puisse en faire les objets d'un marché » (cf. J.P. Bizeau, Pluralisme et démocratie, RDP 1983.5123).

c) L'attribution des fréquences

Un des problèmes majeurs est celui de la rareté des fréquences. L'attribution se fait d'abord au niveau international dans le cadre de l'Union internationale des télécommunications, (UIT). L'article 21 de la loi de 1986 pose ensuite le principe de la distinction par le

Premier Ministre entre les fréquences attribuées aux administrations et celles dont l'attribution est confiée au Conseil (art. 21). Enfin l'article 22 précise la mission du CSA dans la répartition de ces autres fréquences.

i) Le service public

Le service public comprend 5 sociétés nationales (cf. art. 44) dont l'État est actionnaire unique : Radio France ; Antenne 2 devenu France 2 ; France Régions 3 devenu France 3 ; RFO (Société nationale de radio et de télévision française d'outre mer) ; Radio France internationale. Le Conseil d'administration de chacune d'entre elles est composé de 12 membres et nommé pour 3 ans. Il comprend 2 parlementaires (député et sénateur), 4 représentants de l'État, 4 personnalités désignées par le CSA et 2 représentants du personnel. L'article 45 vise un autre type de société. Il s'agit de la SEPT (Société européenne de programmes de télévision). Celle-ci a constitué avec les deux chaînes publiques allemandes un groupement d'intérêt économique européen (Traité du 2 octobre 1990). Cette chaîne « Arte » (Association relative aux télévisions européennes) a obtenu les fréquences de l'ancienne 5. Dans le secteur public il subsiste des restes de la réforme de 1974. Il s'agit de l'Institut National de l'Audiovisuel (art. 49 et 50), établissement public industriel et commercial dont le PDG est nommé pour 3 ans en conseil des ministres, de TDF (art. 51) devenu une société où la majorité du capital est détenue par des personnes publiques et enfin de la Société française de production et de création audiovisuelles (art. 52) dont le statut est identique. Le financement du secteur public résulte de la redevance (qui existe depuis 1923) qui est une taxe parafiscale (CC 60.8 DC 11 août 1960 ; S 1960.276 note Bourdoncle ; D 1961.471 note L. Hamon ; RDP 1960.1016 note Waline). Les présidents des différentes sociétés sont nommés par le CSA, une présidence commune intéressant France 2 et France 3 regroupées au sein de France Télévision. C'est le CSA qui fixe les règles et donne son avis sur les cahiers des charges. La loi du 1er février 1994 lui donne un pouvoir de sanction.

ii) Le secteur privé

Les stations privées sont soumises à un système d'autorisation par le CSA et de cahier des charges. Canal Plus reste cependant soumis à un système de concession. Canal Plus est régi par une convention de concession et un cahier des charges (D. 14 mars 1986, D. 31 mars 1988 et D. 20 juillet 1992). Le principe d'égalité de traitement dans le cadre d'appel aux candidatures afin d'attribuer les fréquences disponibles doit être respecté (CE, S, 25 juin 1993 Société Télé Free-Dom c/ Département de la Réunion, R. Adm. 1993.553 concl. Legal ; AJDA 1995.75 note V. Tchen) L'autorisation est délivrée par le CSA.

Pour les sociétés exploitant un service par câble, l'autorisation est donnée par les communes ou groupements de communes. Les réseaux par câble sont régis par les articles 33 à 34-2 et 106 de la loi de 1986. L'exploitation des réseaux câblés est autorisée par le CSA et délivrée pour 30 ans. Elle peut être confiée à une société, ou une régie commerciale intercommunale ou des organismes d'HLM. Si les réseaux desservent moins de cent foyers, il n'y a pas besoin d'autorisation, une déclaration préalable suffit (art. 43). C'est un secteur particulièrement peu développé en France. Alors qu'en RFA 23,7 millions de logements sont raccordés sur 37,4 millions de foyers et que l'on compte 15,5 millions d'abonnés, il y a moins de deux millions d'abonnés dans notre pays.

Pour les autres services utilisant la voie hertzienne, il n'y a plus de cahier des charges mais une convention conclue entre le CSA et le demandeur. L'article 28 évoque le contenu de la convention.

Pour ce qui est des services de radiodiffusion hertzienne terrestre (art. 29) le refus d'autorisation doit être motivé (CE 18 mai 1990 Association arménienne d'aide sociale Rec. 128 ; AJDA 1990.772 concl. B. Stirn ; JCP 1990 IV 279). La durée ne peut excéder cinq ans. Un rôle majeur est confié aux 16 comités techniques radiophoniques pour instruire les demandes.

En ce qui concerne la télévision hertzienne terrestre (art. 30), la durée ne peut excéder 10 ans. On a autorisé la cinquième chaîne en 1987, qui a dû cesser ses émissions le 12 avril 1992 (Déc. CNCL 25 février 1987) et la Société Métropole TV (6e Chaîne) pour 10 ans (CNCL 26 février 1987).

TF1 est une société nationale privatisée conformément aux articles 58 à 69 de la loi de 1986 (Déc. CNCL 4 avril 1987). Elle est également autorisée pour 10 ans. Cette autorisation a été renouvelée en mars 1996. Enfin les services radio et télévision par satellite (art. 31) obéissent à la même procédure que la télévision hertzienne terrestre. Le CSA dispose d'un pouvoir de sanction à leur égard. (cf. CE Ass. 11 mars 1994 CSA c/ la Cinq ; JCP 1994 II 22 350, note M. Ch. Rouault et CE 8 avril 1994, AJDA 1994.370 Chr. Maugüé et Touvet ; RFDA 1994.429 ; RDP 1994.517 note J.M. Blanquer).

La loi du 30 septembre 1986 (art. 42) n'avait prévu que deux types de sanctions : suspension et retrait d'autorisation. La loi du 17 janvier 1989 permet d'ajouter des sanctions pécuniaires (amende pouvant aller jusqu'à 5 % du chiffre d'affaires), la suspension d'une partie du programme (nouvel article 42-1-3) et la radiation. Cependant des garanties existent pour les sociétés. Elles ont été voulues par le Conseil constitutionnel dans sa décision du 17 janvier 1989. (Voir les sanctions à l'égard de Fun Radio pour des propos sur la déportation le 27 janvier 1995. Le CSA a demandé une *« réponse écrite sans délai »*. Fun a suspendu son animateur. Voir aussi les sanctions à l'égard de Skyrock). Les réserves d'interprétation formulées par le Conseil constitutionnel exigent le principe de non-rétroactivité, la proportionnalité et la définition des peines. Dans sa décision du 11 mars 1994, le Conseil d'État insiste sur la mise en demeure exigée par le Conseil constitutionnel le 17 janvier 1989. C'est lui qui surveille les concentrations. C'est le conséquence de la nécessité du pluralisme. Cependant le Conseil constitutionnel a eu une vision trop peu contraignante puisque la loi du 1er février 1994 admet le renouvellement tacite, permet de porter à 49 % le capital détenu par une seule société et a accepté les seuils d'audience révisés (cf. CC 93.335 21 janvier 1994 ; RDP 1994.98 Chr. D. Rousseau). Cependant le CSA ne peut agir qu'en France ce qui pose un problème car il ne peut contrôler les chaînes étrangères diffusées sur satellite comme Astra ou Eutelsat.

d) Le droit de réponse

Issu de la loi du 3 juillet 1972, repris dans la loi du 29 juillet 1982, il a été réglementé par la loi du 29 juillet 1982 et par le décret du 6 avril 1987. Il a lui aussi un caractère international (Directive 1989 art. 23 et Conv. Cons. Europe art. 8). Le droit de réponse existe dans l'hypothèse d'imputations susceptibles de porter atteinte à l'honneur ou à la réputation. Il s'applique aux personnes physiques et morales. Le Conseil constitutionnel a censuré en 1982 l'exclusion des personnes poursuivant un but lucratif. Il est applicable aux associations en cas d'imputation en raison de l'origine ou de la religion. La demande doit être faite dans les 8 jours et le texte ne doit pas excéder trente lignes pour une durée de deux minutes et l'organe en cause a un délai de 8 jours pour répondre. La réponse doit intervenir dans des conditions équivalentes à celles de l'émission, notamment pour que « soit assurée une audience équivalente » dans un délai de trente jours. En cas de refus ou de silence, le demandeur peut saisir le président du Tribunal de grande instance statuant en référé. Celui-ci peut ordonner la réponse sous astreinte.

(cf. CE 11 mai 1990 Uri, Rec. 122 ; JCP 1990 IV 22 ; GP 1990 II ; RFDA 1990.474 ; Dr. Adm ; 1990 n° 329). On remarquera que le droit de rectification prévu par l'article 12 de la loi de 1881 (cf. supra) n'existe pas pour l'audiovisuel.

3. Convention européenne des droits de l'Homme et liberté de communication audiovisuelle

La Convention européenne n'a pas entendu permettre une totale liberté de la communication audiovisuelle et son article 10 prévoit expressément la possibilité de système d'autorisation pour la radiodiffusion et la télévision. Cependant la question essentielle qui s'est très vite posée a été celle du monopole. Lorsque la France avait ratifié la convention en 1974, elle avait formulé une réserve à ce propos, retirée depuis lors.

En 1968 la Commission avait pourtant admis la possibilité du monopole (X c/ Suède 7 février 1968). Mais bien entendu cela était lié à l'organisation de ce monopole (Comm. 17 mai 1984 Radio 24 contre Suisse). Déjà en 1975 (Sacchi c/ Italie 12 mars 1976) la commission se montrait plus nuancée. (Cf. aussi 16 décembre 1986 Verein alternatives Lokal Radio Bern et Verein Dreyeckland Basel c/ Suisse ; 28 mars 1990 Groppera Radio AG c/ Suisse, B n° 132). Dans sa décision CEDH 22 novembre 1993 Informationsverein Lentia et autres c/ Autriche, (B n° 134) la Cour semble limiter les possibilités de monopole. Elle l'admet mais... en cas de « nécessité impérieuse ». Il est évident qu'elle a été amenée à prendre en considération les évolutions intervenues depuis 1950. Dans cette affaire la commission évoque en 1992 « le domaine complexe... et changeant » de la radio et de la télévision.

C – LA LIBERTÉ DE L'EXPRESSION ARTISTIQUE

Le temps n'est plus où la liberté d'expression, sous une forme artistique, était particulièrement redoutée des pouvoirs. Peut-être peut-on le regretter. Mais, encore récemment, certains artistes ont pu être considérés comme suffisamment dangereux pour connaître la prison ou l'exil (Ex. en RDA, Wolf Biermann). Le contrôle exercé sur ces moyens d'expression s'est bien relâché. C'est très vrai en ce qui concerne le théâtre ou les autres types de spectacles, notamment ceux qualifiés curieusement... de spectacles de curiosité. C'est également vrai aujourd'hui où le cinéma est plus envisagé sous l'angle de la liberté économique que sous celui de la liberté d'expression.

L'expression artistique a pu créer autrefois certains désordres, voire être à l'origine de révolutions. C'est la représentation de l'opéra d'Auber, *« La Muette de Portici »*, qui déclencha la révolution belge. Mais les problèmes n'ont pas disparu complètement. Ainsi, il y a quelques années, le film de Martin Scorsese *« La dernière tentation du Christ »* a pu susciter violences et troubles, obligeant les autorités à intervenir. Les spectacles restent soumis, malgré tout, à un régime très libéral, différent de celui des réunions, au sens de la loi du 30 juillet 1881. Ce régime est d'ailleurs beaucoup plus favorable pour le théâtre que pour le cinéma. Le théâtre est, à cet égard, sans doute considéré comme une activité plus noble que le cinéma, un peu comme le livre par rapport à la presse périodique.

1. La liberté du théâtre et des spectacles

La censure théâtrale a disparu officiellement depuis l'ordonnance du 13 octobre 1945. En réalité, elle avait disparu dans les faits, tout simplement parce que la loi de finances pour 1906 avait supprimé les crédits destinés à la rémunération des censeurs. L'ensemble des spectacles, à l'exception des représentations cinématographiques, fait l'objet d'une réglementation fixée par l'ordonnance du 13 octobre 1945. Six catégories de spectacles sont distinguées (Théâtres nationaux ; autres théâtres fixes ; tournées théâtrales et théâtres démontables exclusivement consacrés à des spectacles d'art dramatique, lyrique ou chorégraphique ; concerts symphoniques et autres, orchestres divers et chorales ; théâtres de marionnettes, cabarets artistiques, cafés concerts, music-halls, cirques ; spectacles forains, exhibitions de chants et danses dans les lieux publics et tous spectacles de curiosité et de variété). La sixième catégorie (art. 13) est soumise au régime d'autorisation préalable. (cf. CE, S, 11 juillet 1975 Clément et Association pour la défense de la culture et de la musique contemporaine, AJDA 1975. 564 et 581 ; D 1976.213 note Auby à propos d'un festival pop.) Les peep show et mirodromes appartiennent à cette catégorie. Pour les cinq premières catégories les pouvoirs de police administrative peuvent toujours être utilisés. (cf. JCA fasc. 265).

Cela n'empêche pas que cette activité soit aussi considérée sous son aspect économique, et c'est pourquoi des mécanismes d'aide à la création théâtrale ont été mis en place.

2. La liberté cinématographique

(Cf. J.M. Pontier Centième « première ». Le cinéma a fait son droit, D. 1995 Chr. 83 ; J.M. Pontier, le droit du cinéma, PUF, Que sais-je ?)

L'activité cinématographique est envisagée elle aussi sous ses deux aspects de liberté de l'esprit et de liberté économique.

a) Une liberté de l'esprit

A l'origine le cinéma s'est vu soumis au régime des spectacles de curiosité. Les premiers textes constitutionnels qui se sont intéressés au cinéma – et ils sont peu nombreux – admettaient la censure (*« Il n'y a pas de censure ; toutefois en ce qui concerne les cinématographes, il peut être apporté par la loi des dérogations »* disposait la Constitution de Weimar de 1919). Aujourd'hui, l'activité peut sembler suffisamment liée à l'idée de création pour être érigée à un rang plus élevé et le Conseil d'État a pu reconnaître au cinéma, le caractère de liberté publique (CE, Ass. 24 janvier 1975 Min. de l'Information c/Société Rome-Paris Films, RDP 1975.286, concl. Rougevin-Baville).

En tant que liberté de l'esprit, le cinéma fait l'objet d'un contrôle au niveau national, et peut aussi faire l'objet d'un contrôle au niveau local.

i) Au niveau national

Au niveau national, d'une part il est soumis à un régime de dépôt légal, ce qui n'est pas en soi une véritable entrave à la liberté, et d'autre part le film doit recevoir un visa d'exploitation. La censure a été organisée en 1919 par l'institution d'une commission d'examen. Le système actuel repose sur l'ordonnance du 1er juillet 1945 et les décrets des 18 janvier 1961, 23 février 1990 et 15 mai 1992. Le visa est délivré par le Ministre de la Culture après avis d'une commission. Symboliquement sa dénomination a été changée : commission de classification et non plus commission de contrôle. De plus, depuis 1990, l'article 21 permet des dérogations pour les projections dans les établissements scolaires ou universitaires. Le ministre pourra permettre la vision du film par tous les publics, ou bien l'interdire aux mineurs de moins de seize ans ou de moins de douze ans, ou bien l'interdire à tous publics. Il peut aussi interdire l'exportation vers certains pays. Depuis 1981 aucun film n'a été totalement interdit ; le juge administratif exerce un contrôle normal. Dans l'exercice de ses pouvoirs le ministre doit concilier les intérêts généraux et les libertés publiques. (CE Ass. 24 janvier 1975 Min. Inf. c/ Soc. Rome Paris Films précité à propos de *La Religieuse*, de Jacques Rivette, inspiré de l'œuvre de Diderot, interdit en 1967). Le Conseil d'État a admis la légalité d'un visa à effet différé à propos des *« Noces rouges »* de Claude Chabrol, jusqu'à ce que l'affaire à l'origine du scénario soit jugée (CE, Ass., 8 juin 1979, Chabrol et S.A. Films La Boétie, RDP 1980.222, concl. Bacquet), Des dispositions particulières visent les films à caractère pornographique, classés X en vertu de la loi du 30 décembre 1975. Ils sont soumis à un régime fiscal pénalisant, ne bénéficient d'aucune aide et doivent être projetés dans des salles particulières prévues à cet effet, créant une sorte de ghetto de la misère intellectuelle. Le matériel publicitaire est également soumis à la censure.

ii) Au niveau local

A côté de ce contrôle national peut exister un contrôle local exercé par l'autorité de police administrative, en raison des circonstances locales. Dans le passé, les maires sous la pression de tel ou tel lobby, et pas seulement pour des raisons de morale, ont pu restreindre la diffusion de certains films (CE, S, 1959 Société Les Films Lutetia et Syndicat des producteurs et exportateurs de films, GAJA n° 96 ; GDJDA p. 204). Récemment, la *« Dernière tentation du Christ »* a fait l'objet de certaines interdictions censurées par le juge administratif. La Cour de cassation a préféré approuver le principe d'un texte d'avertissement pour le public (Civ. I 29 octobre 1990). Certains maires ont pu interdire l'affichage (ex. récent avec *« Harcèlement »*, affiches interdites à Aix en Provence, Versailles, Arcachon en février 1995).

b) Une liberté économique

Mais le cinéma est aussi aujourd'hui une entreprise. L'entreprise de production doit obtenir une autorisation pour sa création, et également une autorisation pour tourner un film. Un rôle majeur est joué par le Centre National de la Cinématographie, créé par la loi du 25 octobre 1946. Etablissement public administratif, il dispose d'un pouvoir de sanction, pouvant prononcer des amendes, la fermeture de salles des exploitants ne respectant pas les règles de l'industrie cinématographique (Code de l'Industrie cinématographique, art. 14). Un fonds de soutien de l'industrie cinématographique et de l'industrie des programmes audiovisuels, alimenté par une partie des recettes d'exploitation et par la taxe sur les cassettes vidéo aide le secteur du cinéma à survivre, parfois par des techniques originales comme l'avance sur recettes. Afin de faire face aux problèmes de concentration, notamment en matière de distribution, la loi du 29 juillet 1982 a institué un Médiateur du Cinéma dont l'objectif est de veiller au respect de la concurrence dans le domaine de la distribution. Tout groupement ou entente est soumis à agrément délivré par le directeur du CNC.

3. Convention européenne des droits de l'Homme et liberté des spectacles

La réglementation n'est pas contraire à la Convention européenne des droits de l'Homme puisque l'article 10 § 1 réserve aux États la possibilité de soumettre les entreprises cinématographiques à autorisation. Dans son arrêt du 20 septembre 1994 (Otto Preminger Institut c/ Autriche), la Cour européenne a admis la saisie ou la confiscation de films qui seraient constitutifs d'attaques injurieuses contre une religion, décision qui a suscité quelques controverses.

III ENSEIGNEMENT ET LIBERTÉ

C'est volontairement que nous n'intitulons pas cette section liberté de l'enseignement, estimant que le problème des rapports entre l'enseignement et la liberté ne se réduit pas à cette question, mais que si bien sûr est posée la liberté de l'enseignement, se présente également le problème de la liberté dans l'enseignement. En raison des destinataires, c'est-à-dire de jeunes esprits, influençables, la question de l'enseignement ne peut laisser un État indifférent. Les Républicains du XIXe siècle l'avaient bien compris qui ont fait porter leurs efforts premiers sur la solution de cette question. On verra, au XXe siècle, comment les régimes totalitaires appréhenderont la question en mettant tout en œuvre dès le berceau pour que les esprits soient façonnés.

A – LA LIBERTÉ DE L'ENSEIGNEMENT

1. La liberté de l'enseignement, liberté formelle

a) La négation du principe de liberté

Parce que sous l'Ancien Régime l'enseignement était essentiellement sous le contrôle de l'Eglise, quoiqu'il y eut des « écoles communales » dans le Midi, la liberté de l'enseignement a été refusée par les rédacteurs de la Déclaration de 1789 qui ne l'évoquent pas, et c'était à dessein. La Constitution de 1791 évoque le problème sous un autre angle, à savoir l'instauration *« d'une instruction publique commune à tous les citoyens »*, formule qui laisse supposer que l'on entendait mettre en place un modèle unique. Le décret du 19 frimaire an II pose le principe de l'obligation scolaire, affirme que le Gouvernement a le droit de choisir les manuels, mais la liberté de création n'est pas touchée. Elle apparaît à la faveur de la Constitution de l'an III qui dispose que *« les citoyens ont le droit de former des établissements particuliers d'éducation et d'instruction... »*. Le décret du 29 frimaire an II avait d'ailleurs ouvert la voie. Mais cette liberté devait être vite reprise par Napoléon En l'an X, il faut une autorisation pour créer une école. La loi du 10 mai 1806 institue le monopole de l'Université. Les établissements privés doivent être autorisés et s'intégrer dans l'Université. En 1811 on y intègre aussi les séminaires. Le système mis en place par l'Empereur préfigure dans son organisation les systèmes totalitaires du XXe siècle. La Restauration ne supprime pas pour autant ce monopole de l'Université, même si elle restaure l'influence de l'Eglise. L'ordonnance du 27 février 1821 met l'enseignement secondaire public sous la surveillance du clergé pour la religion.

La liberté de l'enseignement va apparaître progressivement au XIXe siècle. La loi Guizot du 28 juin 1833 l'affirme pour l'enseignement primaire mettant fin au monopole de l'Université, la loi Falloux du 15 mars 1850 pour l'enseignement secondaire, en même temps qu'elle redonne un rôle important à l'Eglise dans l'enseignement primaire et la loi Dupanloup du 12 juillet 1875 pour l'enseignement supérieur. La Constitution de 1848, dans son article 9 avait affirmé que *« L'enseignement est libre. La liberté d'enseignement s'exerce selon les conditions de capacité et de moralité déterminées par les lois, et sous la surveillance de l'État. Cette surveillance s'étend à tous le établissements d'éducation sans aucune exception »*. D'autres textes viendront étendre cette liberté à l'enseignement spécialisé comme la loi Astier du 28 juillet 1919 relative à l'enseignement technique.

b) L'affirmation du principe de liberté

La liberté d'enseignement connaîtra certaines remises en cause avec l'arrivée au pouvoir des républicains et la loi du 18 mars 1880 rétablit le monopole de la collation des grades pour l'État supprimant les jurys mixtes pour les étudiants des facultés libres de l'enseignement supérieur ce qui réduit la liberté pédagogique de celles-ci. Le décret du 29 mars 1880 interdit l'enseignement aux membres des congrégations non autorisées. Le décret du 19 juin 1880 expulse les jésuites. Mais la loi Jules Ferry du 30 octobre 1886 reconnaît comme la loi Falloux, deux catégories d'écoles : écoles publiques « fondées par l'État, les départements ou les communes » et écoles privées « fondées ou entretenues par des particuliers ou des associations » (on ne parle plus d'écoles libres). Une exception sera portée à cette liberté d'enseignement à l'égard des congrégations (lois des 1er juillet 1901 et 7 juillet 1904). L'interdiction ne tombera qu'en 1940.

L'affirmation de la liberté d'enseignement sera toujours l'objet d'une très vive contestation. Les assemblées constituantes de 1945-46 s'y opposeront. La reconnaissance de cette liberté sera rejetée. La loi du 31 décembre 1959 l'évoquera cependant en son article 1.

Ce n'est que dans sa décision de 1977 (CC 77.87 DC 23 novembre 1977 Liberté d'enseignement et de conscience, GDCC n° 25) que le Conseil constitutionnel, en s'appuyant sur la loi de finances du 31 mars 1931, viendra tirer un principe général reconnu par les lois de la République. Le support parait bien ténu. L'article 91 de la loi de finances du 31 mars 1931, à propos de la gratuité des études dans la classe de cinquième des établissements d'enseignement secondaire, évoque le principe au détour d'une phrase : *« sous réserve du maintien de la liberté d'enseignement qui est un des principes fondamentaux de la République... »*. Le fait de se fonder sur les principes fondamentaux reconnus par les lois de la République n'était pas illogique car cette notion avait été insérée par le MRP, dans l'espoir de faire passer la liberté de l'enseignement que l'Assemblée constituante rejetait. La décision du 18 janvier 1985 (CC 84.185 DC 18 janvier 1985, Loi Chevènement, RDP 1986.395 Chr. L. Favoreu) confirmera cette évolution.

La liberté de l'enseignement est assise sur un régime libéral. Elle est soumise au régime de la déclaration préalable. Cependant celle-ci n'entraîne pas délivrance immédiate du récépissé comme pour une association. Il y a possibilité pour le maire ou l'Inspecteur d'Académie de s'y opposer dans un bref délai si les conditions (diplômes, conditions matérielles) ne sont pas remplies. En ce qui concerne les écoles primaires les diplômes exigés sont le brevet ou le baccalauréat. Une déclaration préalable est nécessaire. Le maire a huit jours pour faire opposition pour des raisons tenant à l'hygiène, aux bonnes mœurs, aux locaux, et l'inspecteur d'académie dispose d'un mois. En cas de désaccord il est statué contradictoirement par le Conseil départemental, l'appel pouvant être formé dans les 10 jours. Pour l'enseignement secondaire le baccalauréat ou la licence sont exigés. Une déclaration est faite auprès de l'inspection académique qui dispose d'un mois (ainsi que le Préfet ou le Procureur de la République) pour faire opposition. Le conseil académique statue sur l'opposition (loi du 15 mars 1850). Enfin, en ce qui concerne l'enseignement supérieur, une déclaration doit être faite par trois administrateurs auprès du recteur qui a 10 jours pour faire opposition. Il est statué, en cas de conflit par le tribunal de grande instance.

2. La liberté de l'enseignement, liberté réelle

a) De l'interdiction à la reconnaissance de l'aide à l'enseignement privé

L'enseignement, comme toute autre activité intellectuelle a aujourd'hui un coût qui peut être élevé. Il ne suffit plus d'affirmer une liberté pour qu'elle puisse s'exercer. Si elle est affirmée, certains estimeront qu'elle doit se concrétiser par le biais d'une aide. Alors que la IIIe République affirme le principe de la gratuité de l'enseignement primaire par la loi du 16 juin 1881, la loi du 28 mars 1882, pose le principe de l'enseignement primaire obligatoire, fait perdre aux ministres des cultes leur droit d'inspection, tandis que la loi du 30 octobre 1886 interdit toute aide des collectivités locales aux établissements primaires privés et impose un personnel laïc. C'est l'idée que l'argent public doit aller à l'école publique, l'argent privé à l'école privée. Cependant la prohibition ne se retrouvait pas pour les autres degrés d'enseignement. Ainsi la liberté pour l'enseignement technique était la règle (CE 19 mars 1986 Département de la Loire-Atlantique, Rec. 76). Pour l'enseignement secondaire général, c'était l'article 69 de la loi Falloux qui autorisait les subventions sans qu'elles puissent excéder 1/10 des dépenses annuelles de l'établissement (CE 6 avril 1990, Département d'Ille-et-Vilaine Rec. 91 ; CE 10 novembre 1993 Préfet de la Région Ile de France, RDP 1994.558 concl. Fratacci ; JCP 1994 II 22 261 note B. Poujade ; Petites affiches 1994, n° 28, p. 8 ; CE 22 février 1995 Tiberti, Berenger ; Gertosio, 2 arrêts, AJDA 1995.328 Concl. Ch. Maugüé). Le débat sera relancé après la seconde guerre mondiale.

Cette question a été l'objet de très profondes polémiques sous la IVe République, mais progressivement, l'aide s'est instaurée, d'abord sous la forme d'une aide aux élèves, ensuite sous la forme d'une aide aux établissements.

L'aide aux élèves se fera jour notamment avec la loi Barangé du 28 septembre 1951. Déjà, le décret du 22 mai 1948 dit Poinso-Chapuis avait permis l'aide à certaines familles en difficulté. La loi Marie du 21 septembre 1951 facilitait l'octroi de bourses. En fait, la loi Barangé était une fausse aide aux élèves puisque versée non pas aux familles elles-mêmes mais à l'association de parents d'élèves de l'établissement pour l'enseignement privé. Dans l'enseignement public l'allocation était mandatée à la caisse départementale scolaire.

b) La loi Debré

L'aide aux établissement sera l'œuvre de la Ve République. Ce sera essentiellement la loi Debré du 31 décembre 1959 qui tentera de régler le problème en apportant une aide aux établissements privés, ce que le Conseil constitutionnel ne jugera pas contraire à la Constitution (CC 23 novembre 1977 précité). La loi Debré mettra en place quatre situations juridiques possibles pour les établissements. Ceux-ci pourront être sous le régime du contrat d'association, ou bien des contrats simples, ou bien de l'intégration ou bien totalement ignorés par l'État.

Avec le contrat d'association, (cf. B. Toulemonde, le statut des maîtres contractuels des établissements d'enseignement privé, AJDA 1995.427) les enseignants sont des agents publics et les établissements sont soumis aux « règles et programmes de l'enseignement public ». L'avantage est que les traitements et les dépenses de fonctionnement sont à la charge de l'État. Les établissements sous contrat simple (seulement dans l'enseignement primaire) voient le recrutement des maîtres soumis à des contrats de droit privé, avec possibilité cependant d'agrément. Il y a liberté des règles et des programmes. L'intérêt est que l'État prend en charge les traitements des maîtres agréés et qu'il y a possibilité de conventions avec les communes pour certaines dépenses. La troisième possibilité est l'intégration volontaire dans l'enseignement public, formule qui n'a quasiment pas été appliquée. Enfin le statu quo excluait toute aide, mais l'établissement était véritablement libre.

La loi Debré connaîtra quelques modifications (lois des 1er juin 1971 et loi du 25 novembre 1977 à la faveur de la loi Guermeur). Le débat sera relancé avec la gauche au pouvoir. Celle-ci avait un projet de *« grand service public unique et laïque de l'enseignement »*. Le projet de loi Savary visant à réaliser ce projet devra être retiré à la suite de grandes manifestations de protestation et la loi du 25 janvier 1985, dite Joxe-Chevènement qui lui sera substituée (ainsi que la loi Rocard pour l'enseignement agricole) sera de portée plus modeste. En fait, on revient à la situation de 1959. Cependant par certaines réserves d'interprétation, le Conseil constitutionnel a pu maintenir certains acquis de la loi Guermeur en ce qui concerne le caractère propre de l'établissement pour les maîtres. Avec l'accord Lang-Couplet en 1992 on pensait le problème réglé. La tentative de révision de la loi Falloux, qui devait permettre une aide matérielle accrue, connaîtra à la fois l'échec politique(fortes mobilisations d'opposants) et juridique (CC 93.329 DC 13 janvier 1994 Révision de la loi Falloux ; AJDA 1994.135 note J.P. Costa ; RFOC 1994.325 Chr. L. Favoreu ; RFDA 1994.209 chr. B. Genevois ; RDP 1994.609 Chr. F. Luchaire). Par la révision de la loi Falloux, le Parlement entendait permettre une aide aux investissements. Le Conseil a confirmé sa décision de 1977. La loi peut prévoir une « aide des collectivités publiques aux établissements d'enseignement privé ». Mais il annule la loi en se fondant sur le principe d'égalité entre les établissements privés eux-mêmes (risques de discrimination : on aidera certains et pas d'autres) et entre établissements privés et publics, les premiers pouvant être dans une situation plus favorable. En 1993, 2 071 073 élèves étaient dans l'enseignement privé dont 1 958 047 dans l'enseignement catholique (94,54 %). Il y a également une cinquantaine d'écoles juives regroupant 15 000 élèves et 15 écoles réformées.

B – LA LIBERTÉ DANS L'ENSEIGNEMENT

1. La liberté des maîtres

La liberté peut-elle être d'enseigner sans restriction aucune ? Dans l'enseignement primaire et secondaire certains principes ont pu être posés, principalement dans l'admirable Lettre aux instituteurs du 17 novembre 1883 de Jules Ferry (V. le texte in Pouvoirs, n° 75, 1995, pp. 109 s.) expression d'un « laïcisme libéral et intelligent » (G. Burdeau). Il s'agit de ne pas choquer les consciences. En conséquence nous aurons une laïcité négative visant à écarter toute idée religieuse. L'idée de neutralité sera réaffirmée dans la loi du 31 décembre 1959. Les conséquences sont que, à la différence de pays comme l'Allemagne, il ne peut y avoir d'instruction religieuse (loi du 28 mars 1882) et un jour sans école doit permettre à ceux qui le souhaitent d'avoir cet enseignement religieux. Ce sera le jeudi – et le rêve de la semaine des quatre jeudis – devenu par la suite très mouvant, trop mouvant aux yeux des autorités religieuses. Cette neutralité a été rappelée dans l'avis du Conseil d'État de 1989 : *« Le principe de laïcité de l'enseignement public, qui est. l'un des éléments de la laïcité de l'État et de la neutralité de l'ensemble des services publics, impose que l'enseignement soit dispensé dans le respect, d'une part de cette neutralité par les programmes et par les enseignants, et d'autre part, de la liberté de conscience des élèves »*. Cela doit conduire aussi à la neutralité des programmes. Dans l'enseignement privé, le régime est à peu près libre. La liberté des enseignants peut être limitée dans leur vie privée (cf. Cas. Ch. mixte 17 octobre 1975, D. 1976.511 note P. Guiho ; JCP 1976 II 18238 note Lindon et As. Plénière 19 mai 1978 Dame R... c/ Assoc. pour l'éducation populaire de Sainte-Y... ; D. 1978.451 concl. Schmelck, note Ph. Ardant).

Dans l'enseignement public, il faut se référer à la loi d'orientation du 10 juillet 1989, *« Le Service public de l'éducation est conçu et organisé en fonction des élèves et des étudiants... Le droit à l'éducation est garanti à chacun afin de lui permettre... d'exercer sa citoyenneté »*.

2. La liberté des élèves

Les droits et les obligations des élèves sont déterminés à l'article 10. La liberté d'information et d'expression s'exerce *« dans le respect du pluralisme et du principe de neutralité »*. Cela a été précisé par le décret du 18 février 1991. Ces droits doivent *« s'exercer dans le respect du principe de laïcité du service public »*. Est interdit tout acte *« de prosélytisme et de propagande »*. On affirme la possibilité de créer des associations dont *« l'objet et l'activité sont compatibles avec les principes du service public de l'enseignement »*. Elles ne peuvent avoir un objet ou une activité de caractère politique ou religieux. On permet la liberté de diffusion de journaux sans contrôle préalable. La liberté de réunion des élèves doit obéir au principe de neutralité et on ne saurait *« autoriser les actes de prosélytisme ou de propagande »* (cf. TA Paris 30 septembre et 4 novembre 1983, GP 1984 I 173 note Brunet ; CE 8 novembre 1985 Ministre de l'Education nationale c/ Rudent, Dr. adm. 1985 n° 592 ; AJDA 1985.745 ; RDP 1986.244 note F. Llorens ; CE 6 novembre 1991, Ministre de l'Education nationale c/ CNGA RFDA 1992.163 ; CE 1er mars 1993 Min. d'État, Min. Education Nationale, de la Jeunesse et des Sports c/ Assoc. des parents d'élèves de l'enseignement public, AJDA 1993.881 note B. Toulemonde). Il faut bien voir que beaucoup d'élèves sont majeurs, donc électeurs.

En ce qui concerne la liberté des enseignés se pose la question de l'obligation scolaire. Il n'y a pas de liberté de refus de l'enseignement. La loi du 28 mars 1882 a posé le principe de l'obligation scolaire. Celle-ci va de 6 à 16 ans, l'extension s'étant faite progressivement. (O. 6 janvier 1959 et loi du 11 juillet 1975).

L'obligation scolaire peut poser un problème quand à l'obligation d'assiduité et se heurter à certaines libertés comme la liberté religieuse. (Voir CE, Ass. 14 avril 1995 Consistoire central des israélites de France et autres AJDA 1995.501 Chr. J.H. Stahl et D. Chauvaux et 573 ; CE, Ass. 14 avril 1995 M. Koen, AJDA 1995.501 Chr. J.H. Stahl et D. Chauvaux et 572 ; RDP 1995.585 concl.

Y. Aguila). Le Conseil d'État a refusé d'annuler l'article 8 du décret du 18 février 1991 modifiant le décret du 30 août 1985 relatif aux droits et obligations des élèves dans les établissements publics locaux d'enseignement du second degré. Le Conseil d'État constate que ce texte n'interdit pas *« aux élèves qui en font la demande de bénéficier individuellement des autorisations d'absence nécessaires à l'exercice d'un culte ou à la célébration d'une fête religieuse, dans le cas où ces absences sont compatibles avec l'accomplissement des tâches inhérentes à leurs études et avec le respect de l'ordre public dans l'établissement »*. Les requérants posaient le problème du respect du samedi pour les israélites et les adventistes du 7e jour. (Une circulaire du 12 décembre 1989 invite à accorder des autorisations exceptionnelles d'absence pour les fêtes religieuses). Pour le Conseil d'État, l'obligation d'assiduité doit être conciliée avec les textes de valeur nationale (art. 10 DDHC) et internationale (art. 9 CEDH et art. 18 Pacte). Le Conseil d'État s'appuie aussi sur la loi de 1905 et l'article 2 du 1er Protocole additionnel à la Convention européenne. Pour le Conseil d'État deux conditions supposent ces exceptions. Elles doivent être nécessaires et elles doivent être compatibles. La solution Koen est plus discutable. Le commissaire du gouvernement proposait une frontière entre les absences ponctuelles pour les fêtes religieuses et l'absence systématique pour le repos hebdomadaire. L'arrêt du Conseil d'État rejette en se fondant non pas sur le caractère systématique mais sur les exigences de la scolarité dans les classes de mathématiques supérieures (en cause dans l'espèce).

En ce qui concerne la liberté de port de signes religieux, nous renvoyons à ce qui a été dit plus haut à propos de la liberté religieuse.

3. L'enseignement supérieur

Dans l'enseignement supérieur, la loi a affirmé l'indépendance de l'enseignement et de la recherche universitaires (article 57). La garantie de l'indépendance a été reconnue aux professeurs par le Conseil constitutionnel en tant que principe fondamental reconnu par les lois de la République (CC 165 DC 20 janvier 1984 Libertés universitaires GDCC n° 35). Certains principes ont pu également être affirmés dans la décision du 28 juillet 1993 (CC 322 DC 28 juillet 1993 ; RFDC 1993.831 Chr. X. Philippe), notamment les principes de valeur constitutionnelle « de la liberté d'expression, et de l'indépendance des enseignants-chercheurs et notamment des professeurs d'université ». Pour les étudiants, la loi d'orientation de 1968, dans son article 38 posait le *« principe de la liberté d'information à l'égard des problèmes politiques et sociaux »*. Le principe a été repris par la loi du 26 janvier 1984 en affirmant la *« liberté d'information et d'expression »*.

Certaines difficultés sont apparues à propos des universitaires défendant des thèses dites « révisionnistes ». Dans l'affaire Noton, l'intéressé n'a pu reprendre ses cours à Lyon III puis a été écarté de son poste d'enseignant. Est-ce contraire à la loi du 26 janvier 1984 (loi Savary) et de son article 57 qui pose le principe de l'indépendance et de la liberté d'expression ? On ne saurait l'affirmer car ce texte apporte des limites.

C – CONVENTION EUROPÉENNE DES DROITS DE L'HOMME ET LIBERTÉ ET ENSEIGNEMENT

Les questions relatives aux rapports entre enseignement et liberté sont appréhendées par les conventions internationales, essentiellement à travers le principe du droit à l'instruction (art. 2 Protocole 7 CEDH) celui du droit des parents d'assurer l'éducation et l'enseignement conformément à leurs convictions (art. 2 Protocole CEDH ; art. 18 al. 4 Pacte relatif aux droits civils et politiques), celui de créer et diriger des établissements d'enseignement (art. 29 Conv. relative aux droits de l'enfant, 1989 ; art. 13 al. 4 Pacte relatif aux droits économiques, sociaux et culturels).

La liberté en la matière n'est pas totale. La CEDH le reconnaît le 7 décembre 1976 dans l'affaire Kjeldsen. La Cour a progressivement précisé certains éléments. Elle a rejeté le principe de gratuité dans l'affaire linguistique belge (CEDH 23 juillet 1968) et dans l'affaire Kjeldsen (CEDH 7 décembre 1976, Kjeldsen et autres c/ Danemark).

En ce qui concerne l'enseignement public, elle a affirmé une obligation de neutralité (Kjeldsen).

L'affaire linguistique belge très « explosive » était la première à poser pleinement les questions relatives à l'enseignement et à l'application de l'article 2 du Protocole 1 (CEDH 23 juillet 1968). La Cour constate que l'article 2 affirme un véritable droit à l'instruction. Mais l'article 2 du Premier Protocole et l'article 8 ne consacrent pas un droit à être instruit dans une langue déterminée. En outre l'article 14 ne prohibe pas la discrimination. Il n'y a pas de discrimination si le traitement des familles poursuit « un but légitime à l'aide de mesures appropriées et non disproportionnées avec des résultats à attendre ». Ce droit appelle une réglementation par l'État qui ne doit pas porter atteinte à la substance de ce droit, qui ne doit pas heurter d'autres droits. Cet arrêt n'est pas trop gênant pour la Belgique... Il ne constate de violation que sur un point mineur.

Dans l'affaire Campbell et Cosens (CEDH 25 février 1982, B n° 141) ce sont des questions très particulières qui ont été évoquées à savoir celles des châtiments corporels dans les écoles écossaises à propos de l'exclusion d'un enfant parce que ses parents refusaient qu'il puisse les encourir. Même si l'État est habilité à réglementer le droit à l'instruction, il ne peut heurter un autre droit protégé par la Convention.

Dans l'affaire Kjeldsen, Busk, Madsen et Pedersen (CEDH 7 décembre 1976) à propos de l'éducation sexuelle obligatoire dans les écoles primaires, la Cour a estimé que l'État ne peut poursuivre un but d'endoctrinement contraire aux convictions des parents. Mais ce n'était pas le cas ici car la législation danoise ne préconisait pas un comportement sexuel précis.

Enfin dans CEDH 5 février 1990 Graemme c/ Royaume Uni, la Cour a considéré qu'il n'y avait pas un droit à exiger l'organisation à l'école d'un enseignement religieux conforme à ses convictions.

* *

*

Les libertés de l'esprit sont prises dans les tourbillons et les turbulences de notre époque.

Les possibilités de développement offertes par les nouvelles technologies devraient en favoriser l'essor car jamais la communication ne semble avoir été plus facile. Et pourtant il apparaît qu'elles sont menacées par les appétits de pouvoir économique et politique, et plus particulièrement par leur dimension mondiale. La mondialisation, dans ses effets pervers, en fait des proies faciles.

Les possibilités de garantie juridique se sont pourtant considérablement renforcées. Le législateur ne peut plus les malmener parce que le développement de l'État de droit a fait apparaître des juridictions constitutionnelles qui se veulent les gardiens vigilants et créateurs de ce que l'on désigne aujourd'hui sous l'appellation de droits fondamentaux, et au sein desquels on trouve les libertés de l'esprit. Le pouvoir exécutif voit ses actes soumis à un contrôle des juridictions administratives soucieuses de la sauvegarde des libertés qui a fait dire à Roland Drago : « le meilleur ombudsman c'est le Conseil d'État ». Les citoyens eux-mêmes s'organisent afin de mieux défendre leurs droits et libertés.

Ce contexte plus favorable se retrouve sur le plan international. Des instruments juridiques nouveaux apportent la démonstration de leur efficacité en Europe et ouvrent le voie pour les autres continents. Nous pensons, bien évidemment à la Convention européenne des droits de l'Homme. Grâce aux organisations non gouvernementales, les hommes libres peuvent être plus facilement solidaires de ceux qui sont privés des libertés de l'esprit sur tous les continents. Les rapports d'Amnisty International ne nous permettent plus de feindre l'ignorance qui apporte le confort de l'égoïsme.

Devons-nous alors penser que les libertés de l'esprit écloseront partout comme des milliards de fleurs ?

On peut être sceptique car en même temps on constate que là où les libertés semblaient établies elles connaissent leurs zones d'ombre. Les exceptions à telle ou telle liberté se multiplient et l'on assiste bien souvent à une régression rampante qui est soit le fait du droit, soit le fait des autres personnes privées – qu'elles soient physiques ou morales.

Et s'agissant des libertés de l'esprit, avec Figaro nous pouvons toujours partager son ironie amère : « Pourvu que je ne parle en mes écrits ni de l'autorité, ni du culte, ni de la politique, ni de la morale, ni des gens en place, ni des corps en crédit, ni de l'Opéra, ni des autres spectacles, ni de personne qui tienne à quelque chose, je puis tout imprimer librement, sous l'inspection de deux ou trois censeurs ».

BIBLIOGRAPHIE

On se limitera à l'essentiel.

BIBLIOGRAPHIE GÉNÉRALE

Manuels

COLLIARD (Cl.A.), *Libertés publiques,* Dalloz, 7e éd., 1989, (Chaque liberté est décrite avec clarté).

LEBRETON (G.), *Libertés publiques et droits de l'Homme,* A. Colin, 1995, (Le plus récent des manuels).

MADIOT (Y.), *Droits de l'Homme,* Masson, 2e éd., 1991, (Pour stimuler la réflexion et aller sur des voies nouvelles).

MORANGE (J.), *Droits de l'Homme et libertés publiques,* PUF, 2e éd., 1989.

RIVERO (J.), *Les libertés publiques,* PUF, 2 vol., t. 1, 1991 et t. 2, 1989, (La lumière d'un maître).

ROBERT (J.) et DUFFAR (J.), *Droits de l'Homme et libertés fondamentales,* Montchrestien, 5e éd., 1993, (Une très grande richesse).

Mémentos

ROCHE (J.) et POUILLE (A.), *Libertés publiques,* Dalloz, 11e éd., 1995.

TURPIN (D.), *Les libertés publiques,* Dunod, Mémo. Fac., 1995.

Aspects internationaux

SUDRE (F.), *Droit international* et *européen des droits de l'Homme*, PUF, Droit fondamental, 1989.

PETTITI (L.E.), DECAUX (E.) et IMBERT (P.H.), *La Convention européenne des droits de l'Homme*, 1995, Economica, (Une somme indispensable).

Jurisprudence

Les arrêts cités, ont été indiqués, chaque fois que possible, avec la référence aux grands recueils de jurisprudence.

BERGER (V.), *Jurisprudence de la Cour européenne des droits de l'Homme*, Sirey, 4ᵉ éd., 1994, [B].

BOULOUIS (J.) et CHEVALLIER (R.M.), *Grands arrêts de la cour de justice des communautés européennes*, Dalloz, t. I, 6ᵉ éd., 1994, [GACJCE].

FAVOREU (L.) et PHILIP (L.), *Les grandes décisions du Conseil constitutionnel*, Dalloz, 8ᵉ éd., 1995, [GDCC]

LACHAUME (J.F.), *Les grandes décisions de la jurisprudence. Droit administratif*, PUF, 9ᵉ éd., 1995, [GDJDA].

LONG (M.), WEIL, (P.),BRAIBANT (G.), DELVOLVE (P.) et GENEVOIS (G.), *Les grands arrêts de la jurisprudence administrative*, Sirey, 10ᵉ éd., 1993, [GAJA].

Textes

ARDANT (Ph.), *Les textes sur les droits de l'Homme*, PUF, que sais-je ? n° 2538, 1990.

Conseil de l'Europe, *Droit de l'homme* et *droit international*, Ed. du Conseil de l'Europe, Coll. Documents européens.

MASCLET (J.Cl.), *Textes sur les libertés publiques*, PUF, Que sais-je ? n° 2407, 1988.

ROLLAND (P.) et TAVERNIER (P.), *La protection internationale des droits de l'Homme. Textes*, PUF, Que sais-je ? n° 2461, 1989.

BIBLIOGRAPHIE SPÉCIALE

Liberté d'opinion

MORANGE (J.), *La liberté d'expression*, PUF, Que sais-je ? n° 2751, 1993.

Liberté religieuse

BOYER (A.), *Le droit des religions en France,* PUF, 1993.

DESMURS-MOCET (Y.), *Régime des cultes,* Juriscl. adm. fasc. 215.

ETIENNE (B.), *La France et l'Islam,* Hachette, 1989.

KOUBI (G.), *Droit et religions,* RDP 1992-725.

La Laïcité, *Pouvoirs,* n° 75, 1995.

ROBERT (J.), *La liberté religieuse et le régime des cultes,* PUF, 1977.

VIVIEN (A.), *Les sectes en France,* Doc. Fr., 1985.

Liberté de l'information

BLIN (H.), CHAVANNE (A.) et DRAGO (R.), *Traité du droit de la presse,* Libr. techn., feuillets mob.

COUSIN (B.), DELCROS (B.) et JOUANDET (Th.), *Le droit de la communication,* Ed. du Moniteur, 1990, 2 vol.

DERIEUX (E.), *Liberté et contrôle préalable de la presse écrite. Statut des entreprises de communication ; Liberté de la presse et statut professionnel des journalistes,* Juriscl. Adm., fasc. 270, 271, 272.

DUMAS (R.), *Le droit de l'information,* PUF, Thémis, 1981.

KAYSER (J.), *Mort d'une liberté,* Plon, 1955.

Liberté de la communication audiovisuelle

DEBBASCH (Ch.), *Droit de l'audiovisuel,* Dalloz, 4e éd., 1995.

DERIEUX (E.), *Droit de la communication,* LGDJ, 2e éd., 1994.

TRUCHET (D.) et autres, *La nouvelle réforme de l'audiovisuel (dossier),* RFDA 1987-343 s.

TRUCHET (D.) et autres, *La nouvelle réforme du droit de la communication audiovisuelle : la loi du 17 janvier 1989 (dossier),* RFDA 1989-208 et s.

Liberté des spectacles

MARCHAND (J.M.), *Police des spectacles et des jeux ; cinéma,* Juriscl. Adm. fasc. 265 et 267.

PONTIER (J.M.), *Les aides aux films en France,* PUAM, Economica, 1992.

ROUAULT (M.Ch.), *La police des spectacles et des jeux,* Juriscl. Adm. 211.

Enseignements et libertés

DURAND-PRINBORGNE (C.), *Le droit de l'éducation,* Hachette 1992.

GEORGEL (J.), *Enseignement,* Juriscl. Adm., fasc. 230 à 233.

GEORGEL (J.) et THOREL (A.M.), *L'enseignement privé en France du* VIIIe *au* XXe *siècle,* Dalloz, 1995.

L.G.D.J. – E.J.A.
N° d'éditeur : 1285
Dépôt légal : Septembre 1996
Imprimé en France — JOUVE, 18, rue Saint-Denis, 75001 PARIS